Hermann Römer, Hermann Römer

Die Indianer und ihr Freund David Zeisberger

Hermann Römer, Hermann Römer

Die Indianer und ihr Freund David Zeisberger

ISBN/EAN: 9783743422513

Manufactured in Europe, USA, Canada, Australia, Japa

Cover: Foto ©ninafisch / pixelio.de

Manufactured and distributed by brebook publishing software (www.brebook.com)

Hermann Römer, Hermann Römer

Die Indianer und ihr Freund David Zeisberger

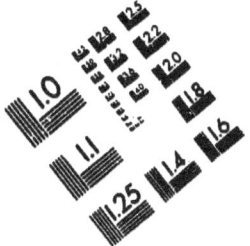
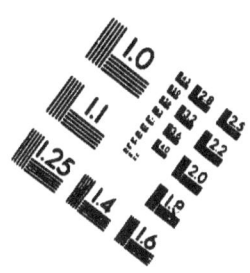

**IMAGE EVALUATION
TEST TARGET (MT-3)**

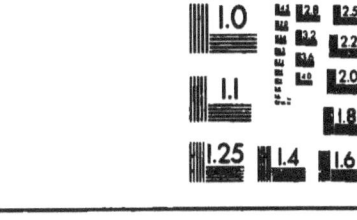

Photographic
Sciences
Corporation

23 WEST MAIN STREET
WEBSTER, N.Y. 14580
(716) 872-4503

CIHM/ICMH
Microfiche
Series.

CIHM/ICMH
Collection de
microfiches.

Canadian Institute for Historical Microreproductions / Institut canadien de microreproductions historiques

© 1985

Technical and Bibliographic Notes/Notes techniques et bibliographiques

The Institute has attempted to obtain the best original copy available for filming. Features of this copy which may be bibliographically unique, which may alter any of the images in the reproduction, or which may significantly change the usual method of filming, are checked below.

L'Institut a microfilmé le meilleur exemplaire qu'il lui a été possible de se procurer. Les détails de cet exemplaire qui sont peut-être uniques du point de vue bibliographique, qui peuvent modifier une image reproduite, ou qui peuvent exiger une modification dans la méthode normale de filmage sont indiqués ci-dessous.

☐ Coloured covers/
Couverture de couleur

☐ Covers damaged/
Couverture endommagée

☐ Covers restored and/or laminated/
Couverture restaurée et/ou pelliculée

☒ Cover title missing/
Le titre de couverture manque

☐ Coloured maps/
Cartes géographiques en couleur

☐ Coloured ink (i.e. other than blue or black)/
Encre de couleur (i.e. autre que bleue ou noire)

☐ Coloured plates and/or illustrations/
Planches et/ou illustrations en couleur

☐ Bound with other material/
Relié avec d'autres documents

☐ Tight binding may cause shadows or distortion along interior margin/
La reliure serrée peut causer de l'ombre ou de la distortion le long de la marge intérieure

☐ Blank leaves added during restoration may appear within the text. Whenever possible, these have been omitted from filming/
Il se peut que certaines pages blanches ajoutées lors d'une restauration apparaissent dans le texte, mais, lorsque cela était possible, ces pages n'ont pas été filmées.

☐ Additional comments:/
Commentaires supplémentaires:

☐ Coloured pages/
Pages de couleur

☐ Pages damaged/
Pages endommagées

☐ Pages restored and/or laminated/
Pages restaurées et/ou pelliculées

☐ Pages discoloured, stained or foxed/
Pages décolorées, tachetées ou piquées

☐ Pages detached/
Pages détachées

☐ Showthrough/
Transparence

☐ Quality of print varies/
Qualité inégale de l'impression

☐ Includes supplementary material/
Comprend du matériel supplémentaire

☐ Only edition available/
Seule édition disponible

☐ Pages wholly or partially obscured by errata slips, tissues, etc., have been refilmed to ensure the best possible image/
Les pages totalement ou partiellement obscurcies par un feuillet d'errata, une pelure, etc., ont été filmées à nouveau de façon à obtenir la meilleure image possible.

The copy filmed here has been reproduced thanks to the generosity of:

Library of Congress
Photoduplication Service

The images appearing here are the best quality possible considering the condition and legibility of the original copy and in keeping with the filming contract specifications.

Original copies in printed paper covers are filmed beginning with the front cover and ending on the last page with a printed or illustrated impression, or the back cover when appropriate. All other original copies are filmed beginning on the first page with a printed or illustrated impression, and ending on the last page with a printed or illustrated impression.

The last recorded frame on each microfiche shall contain the symbol —▶ (meaning "CONTINUED"), or the symbol ▼ (meaning "END"), whichever applies.

Maps, plates, charts, etc., may be filmed at different reduction ratios. Those too large to be entirely included in one exposure are filmed beginning in the upper left hand corner, left to right and top to bottom, as many frames as required. The following diagrams illustrate the method:

L'exemplaire filmé fut reproduit grâce à la générosité de:

Library of Congress
Photoduplication Service

Les images suivantes ont été reproduites avec le plus grand soin, compte tenu de la condition et de la netteté de l'exemplaire filmé, et en conformité avec les conditions du contrat de filmage.

Les exemplaires originaux dont la couverture en papier est imprimée sont filmés en commençant par le premier plat et en terminant soit par la dernière page qui comporte une empreinte d'impression ou d'illustration, soit par le second plat, selon le cas. Tous les autres exemplaires originaux sont filmés en commençant par la première page qui comporte une empreinte d'impression ou d'illustration et en terminant par la dernière page qui comporte une telle empreinte.

Un des symboles suivants apparaîtra sur la dernière image de chaque microfiche, selon le cas: le symbole —▶ signifie "A SUIVRE", le symbole ▼ signifie "FIN".

Les cartes, planches, tableaux, etc., peuvent être filmés à des taux de réduction différents. Lorsque le document est trop grand pour être reproduit en un seul cliché, il est filmé à partir de l'angle supérieur gauche, de gauche à droite, et de haut en bas, en prenant le nombre d'images nécessaire. Les diagrammes suivants illustrent la méthode.

1	2	3

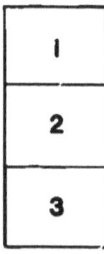

Die Indianer

und ihr Freund

David Zeisberger.

Von

H. Römer.

Gütersloh.
Druck und Verlag von C. Bertelsmann.
1890.

Erstes Kapitel.

Es war in der Mitte des vorigen Jahrhunderts, um das Jahr 1750. Im Lande Pennsylvanien in Nordamerika, und zwar von dessen Hauptstadt Philadelphia in nordwestlicher Richtung ungefähr 15 geographische Meilen entfernt, blühte eine Kolonie der Brüdergemeine, welche den Ausgangspunkt der Missionsthätigkeit bildete. Die Kolonie bestand aus einem Hof mit Wohngebäude, Stall, Scheune und Mühle. Es befanden sich in derselben 15 Europäer, Männer und Frauen. Die Beschäftigung der Mehrzahl bestand in der Urbarmachung der Wildnis und im Ackerbau, zu welchem die christlichen Indianer angeleitet wurden. Andre trieben Handwerke und unterwiesen die Eingeborenen darin. Einer der Männer hielt den Wilden Schule. Die Hauptaufgabe war aber nicht die Kultur, sondern die Ausbreitung des Christentumes. Die Kolonie bildete den Ausgangspunkt und die Zufluchtsstätte der Sendboten, welche in die Wildnis hinauszogen, um den Indianern das Evangelium zu predigen. Auch hatte sich bereits eine beträchtliche Anzahl bekehrter Eingeborener in der Nachbarschaft angesiedelt. In einiger Entfernung floß ein größerer Fluß vorbei, und am jenseitigen Ufer desselben befand sich ein Platz, dessen Lage außerordentlich günstig für ein Indianerdorf war. Dort hatten sich die bekehrten Eingeborenen

1*

niedergelassen, und ihre Ansiedelung war in lieblichem Aufblühen begriffen. Täglich versammelten sie sich zur Verkündigung des Wortes Gottes in einer hölzernen Kapelle, die zu dem Zweck erbaut worden war. Ihr bürgerliches Zusammenleben war nach christlichen Grundsätzen geordnet, und eine strenge Kirchenzucht wurde gegen die Laster geübt, zu denen die Indianer neigen.

Da brach im Jahre 1755 ein Indianerkrieg aus. Die Veranlassung desselben war der Streit zwischen England und Frankreich. Diese beiden Länder teilten sich in den Besitz Nordamerikas, aber sie waren in Uneinigkeit geraten über die Grenzen ihres Besitzes. Beide Parteien suchten die Indianer für sich zu gewinnen und sich derselben als Bundesgenossen im Kampfe gegen ihre europäischen Widersacher zu bedienen. Dadurch kamen schwere Trübsale über die Mission der Brüdergemeine. Die Missionare hielten die von ihnen bekehrten Indianer dazu an, sich nicht am Kriege zu beteiligen, sondern Frieden zu halten. Und sie hatten gewiß recht, wenn sie das thaten. Denn die barbarischen Grausamkeiten, welche die Indianer unter dem Worte „Krieg" verstanden, waren unvereinbar mit dem Christentum. Aber freilich gerieten sie dadurch in große Verlegenheit, denn beide kriegführende Parteien sahen in denen, die nicht mit ihnen waren, solche, die wider sie waren. Sie beschuldigten sie geheimer Feindschaft und Verräterei, und die christlichen Indianer durften nicht darauf rechnen, bei einer der beiden Parteien Schutz oder Zuflucht zu finden.

Inzwischen kamen immer bedrohlichere Gerüchte. Flüchtlinge erzählten von schrecklichen Überfällen und Grausamtelten der kriegführenden Indianer, und die Schauplätze dieser Ereignisse rückten immer mehr in die Nähe der Kolonie. Aber die Missionare waren entschlossen, ihren Posten nicht aufzugeben. Sie gelobten einander, bis zum letzten Atemzug sich nicht verlassen zu wollen, und waren bereit in den Tod zu gehen.

Es war am Abend des 24. November 1755. Bereits hatte sich die Dunkelheit des Spätherbstes über die abgeernteten Felder und entlaubten Wälder gebreitet. Sämtliche Mitglieder der Kolonie der Brüdergemeine waren zum Abendessen im Wohnhaus versammelt. Draußen rauschte der Nachtwind im abgefallenen Laub des Urwaldes. Drinnen aber knisterten und prasselten im Feuer des Herdes die ungefügen Wurzelklötze, die man ausgerodet hatte, um Acker anzulegen. In solchen Stunden machte das Innere des Hauses einen traulichen und behaglichen Eindruck, wiewohl alle Einrichtungen sehr bescheiden und dürftig waren. Eben war die Abendmahlzeit mit Gebet beendet; noch saßen die Ansiedler in ungezwungener Unterhaltung beieinander. Brüderliche Eintracht herrschte unter ihnen, und der Herr war in ihrer Mitte. Da schlug der Hofhund an, und einer der Männer sagte: „Es müssen Leute in der Nähe sein. Ich will sehen, ob das Thor noch offen steht, und es zuschließen gehen." Er ging hinaus, um nicht wiederzukommen. Die übrigen blieben zurück, ohne eine Ahnung von dem zu haben, was sich vorbereitete. Nicht lange war der Mann fortgegangen, da wurden Tritte und Geräusch draußen vor der Thür in dem Hausflur vernehmbar, und als man die Thür öffnete, welcher Anblick bot sich dar! Da stand scharf beleuchtet von den

Flammen des Herdes ein Haufe wilder Indianer, bemalt mit grellen Farben und im Kriegsschmuck. Kaum war die Thür aufgegangen, als die Indianer ihr schauerliches Kriegsgeheul ausstießen und ihre Gewehre in das Zimmer hinein abfeuerten. Einer der Missionare sank auf der Stelle tot zu Boden, und einem anderen wurde die Wange von einem Schusse gestreift. Was sollten die Unglücklichen thun? Einer von ihnen, der zufällig in der Nähe des Fensters stand, riß dasselbe auf, sprang hinaus und entrann. Den übrigen gelang es nicht, sich durch das Fenster zu retten, aber es befand sich in dem Zimmer eine Stiege, welche nach dem Boden des Hauses führte. Da hinauf drängten sich alle, um oben Zuflucht zu suchen. Aber die Indianer feuerten weiter unter die Flüchtlinge, und noch drei von ihnen fielen der Wut der Wilden zum Opfer, ehe sie auf den Boden gelangen konnten. Eine von den Frauen war fast oben. In der Hast that sie einen Fehltritt, sie taumelte zurück und schrie: „O Brüder, Brüder, helft mir!" Aber ehe man ihr helfen konnte, hatten die Indianer sie ergriffen und schleppten sie lebendig mit sich fort. Den Eingang zum Boden bildete eine Fallthür. Die, welche noch übrig waren, verrammelten dieselbe so gut sie konnten, und eine Viertelstunde lang machten die Indianer vergebliche Versuche, sie aufzubrechen. Dabei feuerten sie unausgesetzt durch die Luken und Spalten, ohne jedoch jemandem einen Schaden zuzufügen. Plötzlich hörte das Schießen auf und Stille trat ein. Schon faßten die Unglücklichen Hoffnung, aber bald sollten sie dieselbe furchtbar getäuscht sehen. Es begann zu prasseln und zu rauchen. Die Indianer hatten Feuer an das Haus gelegt.

Auf dem Boden am Giebel des Daches befand sich ein Fenster. Einer der Männer riß dasselbe auf und schrie laut um Hülfe. Aber seine Freundesstimme antwortete, nur das Triumphgeheul der Indianer. Sie schrieu: Ihr habt unsre Brüder betrogen. Jetzt wollen wir sehen, ob euer Heiland euch rettet. Eine der Frauen, welche sich auf dem Boden befanden, sank zusammen mit den Worten: Lieber Heiland, es ist ganz, wie ich es erwartet hatte. Das waren ihre letzten Worte. Eine andre der Frauen hatte einen Säugling in den Armen, ein kleines Töchterlein, welches so herzzerreißend schrie, daß man es durch das Prasseln der Flammen und das Geheul der Indianer hindurch hörte. Es war der Mutter nur um ihr Kind zu thun. Sie wickelte es in ihre Schürze, aber wie sollte die Schürze das Kind gegen die Flammen schützen. Da bemerkte ein junger Bursche, der eben am Fenster des Bodens stand, daß die Indianer auf die andre Seite des brennenden Hauses gingen. Rasch wie der Blitz schwang er sich hinaus, wagte den Sprung hinunter und entkam unbemerkt. Sein Beispiel ermutigte eine der Frauen. Sie sprang nach und kam auch glücklich unten an. Aber sie war erst vor wenigen Tagen in der Kolonie eingetroffen, sie war noch unbekannt in der Gegend und wußte in der Dunkelheit nicht, wohin sie sich wenden sollte. Sie kroch in ein Gebüsch in der Nähe und versteckte sich daselbst. Von da aus konnte sie alles mitansehen und hören, ohne von den Indianern bemerkt zu werden. Sie sah, wie nach ihr noch einer der Männer vom Boden hinuntersprang. Aber in demselben Augenblick kamen die Indianer wieder um das Haus herum. Sie wurden seiner gewahr und schossen ihm zwei Kugeln durch den Leib. Er wurde unter ihren Händen wie ein Schlachtschaf behandelt, denn sie hieben ihm ihre Beile in den Leib und skalpierten ihn danach, d. h. sie zogen ihm die Haut vom Scheitel. Die übrigen, welche noch auf dem Boden des brennenden Hauses waren, zwei Männer und zwei Frauen, darunter die eine mit dem Säugling, verbrannten lebendig. Im ganzen betrug die Zahl der umgekommenen elf. Die Feinde plünderten dann auch die Scheune und den Stall an, so daß Frucht und Heu und auch das Vieh verbrannte. Die Vorräte, welche sie im Keller fanden, teilten sie unter sich. Sie machten sich eine Mahlzeit daraus, brockten Brot in Milch, ließen es sich wohlschmecken und gingen davon. Das alles sah jene Frau mit an, welche sich im Gebüsch verkrochen hatte.

Wohl war das Schicksal derer, welche verbrannten, gräßlich. Gräßlicher aber noch war das Schicksal der Frau, welche lebendig in die Hände der Indianer gefallen war. Sie wurde in das Heimatsdorf derselben geschleppt, und dort wurde sie gezwungen, die Frau eines plötzlich rohen Indianers zu werden. Darüber wurde sie gemütskrank und weinte Tag und Nacht, bis nach einem halben Jahr der Tod sie erlöste. In der Brüdergemeine hatte man keine Ahnung davon, daß sie noch am Leben sei. Im Gegenteil, man meinte, sie sei in jener Schreckensnacht mit umgekommen. Erst später hat man ihr Schicksal durch bekehrte Indianerfrauen erfahren.

Als die Rotte der Indianer vom Schauplatz ihrer Greuelthat abgezogen war, kroch die Frau, welche sich gerettet und verborgen hatte, aus ihrem Versteck hervor.

Schreien durfte sie nicht, sonst konnten die Indianer sie hören. Sie rannte in der Dunkelheit hin und her und flehte zum Herrn um Hülfe. Endlich, als der Morgen anbrach, erhörte er sie. Zwei der geretteten Männer mit einigen englischen Soldaten kamen herbei. Von den Häusern fand man nur noch verkohlte Balken und glimmende Asche; auch den verstümmelten und skalpierten Leichnam des einen der Männer, fand man. Neben demselben saß der treue Hund. Auf einem Baumstumpf in der Nähe lag eine Decke, darüber ein Hut, und durch beides war ein Messer gestoßen. Die Brüder wußten, daß das ein Indianerzeichen war, welches bedeutete: „So viel haben wir gethan, und wir sind imstande, noch mehr zu thun."

Beinahe wäre diesem Unglück auch der späterhin so berühmte Indianermissionar David Zeisberger zum Opfer gefallen. Derselbe war eben an jenem Abend unterwegs nach der Kolonie. Er sollte einen Brief des Bischofs Spangenberg hinbringen. Wäre er eine halbe Stunde eher angekommen, so wäre auch er umgekommen. So aber traf es sich, daß er gerade, während er durch den Fluß ritt, in der Ferne die Feuersäule auflodern sah und ein gellendes Angstgeschrei hörte. Bald darauf kam ein Flüchtling ihm entgegen und erzählte, was geschehen war. Zeisberger kehrte um, er ritt in der Nacht zurück und erreichte am 25. November früh um 3 Uhr die Stadt Bethlehem, die Hauptniederlassung der Brüdergemeine. Er weckte alsbald den Bischof Spangenberg und erzählte ihm, was vorgefallen war. Zwei Stunden später, um 5 Uhr ließ Spangenberg die Gemeinde durch Glockengeläut in das Gotteshaus rufen. Er begann die Morgenandacht auf übliche Weise und hielt eine Rede über den Spruch 1 Mose 42, 7: „Und Joseph sahe seine Brüder und erkannte sie und stellte sich fremd gegen sie und redet: hart mit ihnen." Im Verlauf seiner Rede wandte er die Stelle auf die Führungen des Herrn mit den Menschen an, und als ein Beispiel davon teilte er der Gemeine mit, was geschehen war. Zittern des Entsetzens durchging die Versammlung, aber Spangenberg fiel alsbald auf die Knie, die Gemeinde folgte seinem Beispiel, und in einem inbrünstigen Gebet demütigten sie sich unter die gewaltige Hand Gottes.

Selbständiger Missionar war Zeisberger bis dahin nicht gewesen, aber als Begleiter und Dolmetscher Anderer hatte er bereits damals merkwürdige Erlebnisse hinter sich. So hatte er fünf Jahre vorher, im Jahre 1750 den Missionar Friedrich Cammerhoff auf einer Reise nach Onondaga begleitet, deren merkwürdige Abenteuer eine ausführlichere Schilderung verdienen.

In demjenigen Gebiete, welches heutzutage den Staat New-York bildet, wohnten damals noch Indianer und zwar die Irokesen, oder der Bund der sechs Nationen. Sie waren die mächtigsten und angesehensten Eingeborenen jenes Teiles von Nordamerika. Der Sitz des großen Rates der sechs Nationen war Onondaga. Dorthin reiste der Missionar Cammerhoff, um die Erlaubnis zur Anlegung einer Missionsstation und zur Aufnahme der Missionsarbeit unter den Irokesen einzuholen. Zu seinem Begleiter war Zeisberger ausersehen, weil derselbe nicht nur der Sprache der Indianer vollkommen mächtig und mit allen ihren Sitten und Gebräuchen vertraut, sondern auch geradezu als Gastfreund, Bruder und Volksgenosse in den Verband der Indianer aufgenommen worden war. Wie einst der Apostel Paulus den Juden ein Jude und den Griechen ein Grieche geworden war, um ihrer etliche für Christum zu gewinnen, so war auch Zeisberger den Indianern ein Indianer geworden, um etliche der Indianer für Christum zu gewinnen. Er bewegte sich mit Sicherheit in den Formen indianischer Höflichkeit, und bediente sich der Redensarten, die unter ihnen bei Begrüßungen und Beratungen üblich sind. Er beobachtete den indianischen Anstand und wußte die Friedenspfeife regelrecht zu rauchen. Die Indianer hatten ihm auch einen indianischen Namen, Ganousseracheri, gegeben, und wo er hinkam, galt er nicht als ein Fremdling, sondern als ihresgleichen. In der That war Zeisberger der geeignetste Mann, um als Dolmetscher zu dienen.

In den Urwäldern bilden die Flüsse die bequemste Reisestraße, und auf dem ersten Teile ihres Weges genossen Cammerhoff und Zeisberger die Bequemlichkeit, sich dieser Reisewege bedienen zu können, denn ihr Weg führte sie durch das Gebiet, wo die Ströme Hudson, Delaware und Susquehanna ihre Fluten in majestätischer Breite zum atlantischen Ocean hinwälzen. Das Fahrzeug der beiden Reisenden war ein indianisches Canoe. Zu ihrer Ausrüstung gehörten Flinte und Pulverhorn, Beil und Feuerzeug. Zeisberger handhabte die Ruder so gewandt, wie nur ein Eingeborener. Schnell wie ein Pfeil glitt das Canoe über die Wasserfläche. Zu beiden Seiten standen die schweigenden Urwälder, die noch nie der Fuß des weißen Mannes betreten hatte. Aus dem Schilf der Buchten flatterten wilde Enten empor, wenn die Reisenden sich nahten, und manche derselben, erlegt von der Flinte Heldsbergers, bot ihnen eine willkommene Nahrung. Vorsichtig wagten sich aus dem Dickicht am Ufer die Hirsche hervor, welche ihren Durst in den Wellen des Stromes zu stillen kamen. Ungeheure Schwärme wilder Tauben belebten die Gipfel der Baumriesen und erfüllten die Wälder mit ihrem unermüdlichen Girren. An trockenen Stellen des Ufers, auf dem Sand und auf den Steinen sonnten sich Klapperschlangen, oft in solcher Menge, daß sie zu dicken Haufen geballt waren. So war die Landschaft, durch welche ihr Weg sie anfangs führte. Ihre Speise war das Wildpret, welches sie erlegten, und die Beeren, die im Wald in Fülle wuchsen. Wenn der Abend hereinbrach, gingen sie an das Land; ihr Canoe banden sie am Ufer fest; dann zündeten sie ein Feuer an, erbauten sich aus Baumästen eine nothdürftige Hütte, wickelten sich in wollene Decken und überließen sich sorglos dem Schlaf. Sie rechneten darauf, daß der Herr seinen Engel senden werde sie zu schützen. Manchmal begegnete ihnen ein einzelner Indianer, manchmal kamen sie an Dörfern der Indianer vorüber. Einmal kamen sie auch an einer Niederlassung vorbei, wo bekehrte Indianer wohnten. Da wurden sie genöthigt über Nacht zu bleiben, und es war schwer zu sagen, wessen Freude größer war, die der weißen Gäste, oder die der Indianer, welche sie bewirtheten. Die heidnischen Indianer aber sprachen: „Was habt ihr unsern Brüdern angethan? Sie sind so ganz anders als wir sind und als sie sonst waren." Da bot sich ungesucht eine Gelegenheit zu zeugen von der Kraft Gottes, die da selig macht alle, die daran glauben.

So ging die Reise viele Tage, und die beiden Pilger drangen weit in das Innere der Urwälder hinein. Endlich aber mußten sie den Fluß verlassen, denn Onondaga, das Ziel ihrer Reise, liegt nicht mehr in dem Gebiet jener Ströme, die dem atlantischen Ocean zueilen, sondern in einer Gegend, deren Gewässer sich in den Eriesee ergießen. Die Missionare versenkten ihr Boot in einer Bucht und prägten die Stelle ihrem Gedächtnis scharf ein, um ihr Fahrzeug wiederfinden und hervorziehen zu können, wenn sie zurück kamen. Von jetzt an ging die Reise zu Laube und wurde sehr beschwerlich. Das Dickicht des Urwaldes schien nicht selten schlechterdings undurchdringlich. Schlingpflanzen rankten sich von Stamm zu Stamm. Nur das Beil vermochte einen Weg zu bahnen. Die Baumkronen aber bildeten ein so dichtes Blätterdach, daß kein Sonnenstrahl auf den Waldboden herabzubringen vermochte. Daher war der Boden feucht und sumpfig, und oft versperrten Wasserlachen den Weg, über welche umgestürzte Baumstämme die einzige Brücke bildeten. Erstickende Dünste stiegen in der Sommerwärme aus diesen Morästen auf, und Schwärme jener kleinen amerikanischen Mücke, der Mosfito, peinigten die Reisenden. Dazu kamen noch andre Entbehrungen. Bald verschmachteten die Reisenden vor Hitze, bald wurden sie von Gewitterschauern bis auf die Haut durchnäßt. Dann wieder litten sie empfindlichen Hunger, denn es kam vor, daß ihnen die Zehrung ausging, und daß es ihnen nicht gelang ein Wild zu erlegen. Aber durch alles das ließen sie sich nicht abschrecken.

Endlich am 19. Juni 1750 erreichten sie ihr Ziel Onondaga. Sie begaben sich zum Hause des obersten

Häuptlings des Irokesenbundes. Die Wohnung desselben war ungewöhnlich groß und vor derselben ragte eine Fahnenstange, von welcher die englischen Farben wehten. Da der Häuptling selbst eben in einer Sitzung des Rates war, bewillkommte seine Frau die Gäste. Sobald der Häuptling jedoch von ihrer Ankunft erfuhr, lud er sie in das Rathaus, wo sie 24 Häupter des Bundes versammelt fanden, welche sie mit höchster Auszeichnung empfingen. Als Cammerhoff und Zeisberger die ihnen angewiesenen Sitze eingenommen hatten, erfolgte eine kurze, tiefe Stille. Dann erhob sich Cammerhoff und sprach, während Zeisberger seine Worte in die Sprache der Indianer übersetzte: „Brüder! Gallichwio (das war Cammerhoffs indianischer Name) und Ganousseracheri (Zeisberger) sind gekommen, Euch zu besuchen. Sie versprachen, Euch zu besuchen, als sie Euch in Philadelphia sahen. Sie sind ausgesandt von ihren Brüdern um Euch eine Botschaft zu bringen und haben euer Ratfeuer hier in Onondaga wohlbehalten erreicht. Sie freuen sich, Euch alle zu sehen. Doch zuerst werden sie einige Tage von den Anstrengungen ihrer langen Reise ausruhen, dann werden sie zu Euch kommen und Euch ihre Gedanken sagen und warum sie gekommen sind." Diese Anrede wurde mit Beifall aufgenommen, worauf Cammerhoff eine Tabakspfeife anbot, welche von Mund zu Mund ging. Dann setzten die Häuptlinge ihre Beratung fort, bis ein reichliches Mahl die Sitzung beschloß. Der 21. Juni war ausersehen für ihre Unterhandlungen mit dem Rat. Doch konnte der Rat nicht tagen, weil die Mehrzahl seiner Mitglieder betrunken war. Da mehrere Tage vergingen,

15

ohne daß die erforderliche Nüchternheit sich wieder einstellen wollte, erteilte der Oberhäuptling endlich den Gesandten die Weisung, nach ihrer Heimat zurückzukehren und dort die Antwort der Häuptlinge zu erwarten, welche er selbst durch einen Läufer zu übersenden sich verpflichtete. Aber Cammerhoff und Zeisberger kannten die Unzuverlässigkeit der Indianer zu gut, um einen solchen Vorschlag anzunehmen, und wußten, daß wenn sie das Land verließen, sie nie den Zweck ihrer Sendung erreichen würden. Daher vermochten sie den Oberhäuptling, ihre Botschaft vorzulegen, sobald es möglich sein werde, den Rat zu versammeln. Inzwischen wollten sie einen Besuch bei einem der benachbarten Indianerstämme, welcher auch zu dem Bunde der sechs Nationen gehörte, abstatten. Ihr Ziel war ein Indianerdorf, welches noch nie der Fuß eines weißen Mannes betreten hatte. Die Gegend war schön, und die Niederlassung bestand aus 40 stattlichen Hütten. Als sie sich dem Orte näherten, drang wüstes Geschrei an ihr Ohr, und als sie ihn betraten, bot sich ihnen ein entsetzlicher Anblick dar. Die sämtliche erwachsene Einwohnerschaft, Männer und Weiber, an 200 Personen, befanden sich im Zustande sinnloser Betrunkenheit. Der Rum, welchen die Indianer von den weißen Leuten einhandelten, war ihr Fluch. Fässerweise wurde er von den Dorfbewohnern getrunken. Cammerhoff und Zeisberger begaben sich zur Hütte eines Häuptlings, den sie in Philadelphia gesehen, und der sie zu sich eingeladen hatte. Auf dem Wege dahin umschwärmte sie ein Haufe Trunkener. Man stieß die Missionare, man zauste sie am Bart, man zielte nach ihnen mit den Flinten, und die Kugeln pfiffen ihnen um die Ohren. Der Häuptling selbst war auch nicht nüchtern, aber er empfing die Weißen als seine Gäste und kam ihnen mit der Zärtlichkeit eines Trunkenboldes entgegen. Kaum aber hatten die Reisenden seine Hütte betreten, als dieselbe auch schon voll war von dem nachdringenden Haufen. Die einen gebärdeten sich wie Wahnsinnige, die andern standen schweigend da mit finsteren drohenden Mienen. Die Frau des Häuptlings zitterte für das Leben ihrer Gäste und bat den Bruder ihres Mannes, der der einzige Nüchterne im Dorfe war, er möge die Gäste in seinen Schutz nehmen und sie in eine leerstehende Hütte bringen, welche sich nebenan befand. Aber auch dahin verfolgte der Schwarm sie und hörte nicht auf, sie zu belästigen. Die einzige Zuflucht, welche ihnen blieb, war ein Bodenraum in der Hütte, unmittelbar unter dem Dach, wo sich eine Schlafstelle befand. Dieser Bodenraum war in nicht unbedeutender Höhe, und nur vermittelst einer Leiter konnte man hinauf gelangen. Dahinauf krochen Cammerhoff und Zeisberger. Sobald sie oben waren, zog ihr Hüter die Leiter weg und blieb unten sitzen um Wache zu halten. Der Raum auf dem Boden war eben breit genug, daß die beiden Missionare nebeneinander liegen konnten. Die Nacht brach herein, aber an Schlaf war nicht zu denken, denn die Hitze unmittelbar unter dem Dache war erstickend. Dazu gellte ihnen das teuflische Gebrüll und Gelächter der Wilden in die Ohren. Die ganze Nacht dauerten ihre Ausschweifungen fort; eine Tonne Rum nach der andern wurde angezapft, und die ekelhaftesten Greuel des Heidentums gingen im Schwange. Wahrscheinlich infolge aller dieser aufregenden

Eindrücke bekam Cammerhoff einen heftigen Fieberanfall, und Zeisberger konnte sich nicht verhehlen, daß sein Reisegefährte ernstlich erkrankt war.

Als der Morgen anbrach, war Cammerhoff so schwach, daß an den Aufbruch nicht zu denken war. So mußten sie denn auch den Tag über auf ihrer elenden Lagerstätte bleiben. Aber jede Stunde wurde ihnen zur Ewigkeit. Sie lechzten beide nach Wasser, und insonderheit bei Cammerhoff steigerte sich der Fieberdurst zu einem unerträglichen Grad. Zeisberger konnte endlich die Leiden seines Gefährten nicht mehr mit ansehen und entschloß sich Wasser zu holen. Er schlich sich zu einem Bach, der ungefähr 10 Minuten entfernt war. Den Hinweg gelang es ihm unentdeckt zurückzulegen, da viele der Dorfbewohner den Rausch der Nacht ausschliefen. Aber auf dem Rückweg wurde er doch bemerkt, und die Leute, welche noch nicht nüchtern waren, begannen ihn zu mißhandeln. Sie stießen ihn hin und her, daß das Wasser verschüttet wurde, und rissen ihm endlich den Krug aus der Hand. Sie würden ihn vielleicht noch ärger gemißhandelt haben, wenn sie nicht untereinander in Streit geraten wären um das Wasser. Als der Krug leer war, warfen sie ihn ins Gras. Es gelang Zeisberger, denselben wieder zu ergreifen, er eilte nochmals zur Quelle zurück und füllte ihn zum zweiten Male. Die Indianer warteten seiner, um abermals über ihn herzufallen. Er aber schlug einen weiten Umweg ein und gelangte glücklich mit dem Wasser zu seinem kranken Gefährten. So verging der Tag. Endlich brach die zweite Nacht herein. Der Lärm im Dorfe schien sich zu legen, auf den Rausch folgte der Schlummer.

Allmählich sank das ganze Dorf in Schlaf. Cammerhoff sprach zu Zeisberger: „Wir können hier nicht bleiben. Ich bin freilich schwach, aber wir müssen versuchen zu entkommen, so lange es dunkel ist und die Leute schlafen. Erwachen sie, so beginnen ihre wüsten Ausschweifungen aufs neue, und wir sind unsers Lebens nicht sicher." Im Dache unmittelbar über ihrer Lagerstätte war eine Öffnung für den Rauch. Dahindurch mußten sie ihre Flucht nehmen, weil ihr Hüter aus guter Meinung die Thür der Hütte verschlossen hatte. Die Öffnung war so eng, daß ein Mensch sich nur mit Mühe hindurchzwängen konnte. Zuerst kroch Cammerhoff hindurch, dem es bei seinen durch das Fieber geschwächten Kräften unendliche Anstrengungen kostete. Als er draußen war, ließ er sich an der äußeren Seite der Hütte auf den Boden hinabgleiten. Dann warf Zeisberger, der zurückgeblieben war, die Gepäckstücke durch die Öffnung des Daches ihm zu. Die größeren Gepäckstücke gingen aber nicht durch die Öffnung. Zeisberger mußte sie erst auseinandernehmen und die einzelnen Teile einzeln hinauswerfen. Darüber verging viel Zeit, und doch war jeder Augenblick kostbar. Denn schon begann es im Osten zu dämmern, war es doch gerade die Zeit der längsten Tage und kürzesten Nächte. Zuletzt kroch Zeisberger selbst durch die Öffnung des Daches. Aber noch galt es, unentdeckt aus dem Dorfe zu entkommen. Wurde man ihrer gewahr, dann ging es ihnen wie Feinden, die sich nach einem mißglückten Angriff fortschleichen. Vielleicht wurden sie auch von den Menschen nicht entdeckt, aber es waren an hundert Hunde im Dorf und dieselben waren hungrig und bissig. Nur einer derselben brauchte anzuschlagen und bald war der Lärm allgemein. Sie befohlen ihre Seelen in die Hände des Herren, zu dessen Ehre sie sich in diese Mördergrube gewagt hatten und gingen geraden Weges durch das Dorf. Morgennebel rauchten rings umher. Kein Mensch war zu sehen, und kein Hund schlug an. Der einzige Laut, den sie vernahmen, war das vereinzelte Zwitschern eines erwachten Singvogels. Schon lag der größte Teil des Dorfes hinter ihnen, und sie atmeten auf. Noch führte der Weg sie an einer Hütte vorbei. Als sie sich derselben näherten, welcher Schrecken! Da stand ja eine Menschengestalt vor der Thür der Hütte, und sie sahen, daß die Gestalt sie bemerkt hatte. Nun war es um sie geschehen. Was sollten sie thun? Bogen sie vom Weg ab, so erregten sie Argwohn. Sie faßten sich ein Herz. Geradeswegs gingen sie weiter. Sie gingen an der Hütte vorbei und grüßten die Gestalt. Der Gruß wurde erwiedert. Es war ein Indianerweib, welches nüchtern war und sie unbehelligt ihre Straße ziehen ließ. So kamen sie aus dem Dorf. Der schlimmsten Not waren' sie entronnen, aber neue Nöte und Prüfungen warteten ihrer. Sie eilten hinein in die Wildnis des Urwaldes und hatten keine Lebensmittel. Wildpret war nicht zu entdecken; es war offenbar aus der Umgegend durch die häufigen Jagdzüge der dortigen Eingeborenen verscheucht. Cammerhoff war krank und schwach. Aber so hungrig und matt die Gefährten auch sein mochten, sie mußten forteilen so schnell sie konnten. Ihr Weg führte sie an einen See. Sie mußten hinüber. Noch einigem Suchen fanden sie eine Furt, wo das Wasser nicht tief war, und wateten hinein. Plötzlich aber verloren sie den

2*

Grund unter den Füßen. Mit Aufbietung aller Kräfte erreichte Zeisberger schwimmend eine seichtere Strecke, wo er wieder Fuß fassen konnte. Cammerhoff aber war zu schwach so weit zu schwimmen, er sank unter und war so lange nicht zu sehen, daß Zeisberger ihn bereits tot glaubte. Plötzlich aber tauchte Cammerhoff wieder auf und auch er erreichte das Ufer. Wie es gekommen war, wußte er selbst nicht. Die Gefährten priesen in dieser Errettung ein göttliches Wunder. Nachdem sie so über den See gesetzt waren, gelang es Zeisberger einen Fasan zu erlegen. Alsbald machten sie halt, sammelten Holz, zündeten ein Feuer an, rupften den Fasan und brieten ihn. Dann stillten sie ihren Hunger und schleppten sich weiter durch die Wildnis.

Nach unsäglichen Mühsalen erreichten sie wieder Onondaga, den Hauptort der sechs Nationen der Irokesen. Aber was sie hier erfuhren, war nicht ermutigend. Der Oberhäuptling, dessen Gäste sie waren, war verreist, ohne ihre Botschaft dem Rate vorgelegt zu haben. Eine Woche verging, ehe er zurückkam, und dann gelang es nur mit Mühe, ihn dazu zu bewegen, daß er sein Versprechen hielt. Schließlich gab er dem Drängen Zeisbergers nach, und die Häuptlinge wurden zusammenberufen. Sie gaben ihre Einwilligung zur Niederlassung zweier Missionare unter den sechs Nationen. Damit war ein wertvoller Erfolg erzielt, und Cammerhoff und Zeisberger traten den Heimweg an, um möglichst bald die Ansiedelung zweier Missionare ins Werk zu setzen.

Es gelang ihnen, den Fluß zu erreichen, auf welchem sie den ersten Teil ihrer Hinreise zurückgelegt hatten. Sie

holten ihr Canoe aus seinem Versteck hervor, setzten es in
stand und bestiegen dasselbe. Die Strömung führte sie
rasch abwärts dem Ocean und den europäischen Kolonien
zu, und mit fröhlichem Gesang brachten sie ihren Dank
gegen Gott zum Ausdruck. Plötzlich giebt Zeisberger seinem
Gefährten ein Zeichen still zu schweigen. Ein Druck des
Ruders lenkt den Kahn zum Ufer. „Sieh," flüstert
Zeisberger seinem Gefährten zu, „da ist im Gebüsch ein
Schwarm wilder Truthühner, gerade günstig zum Schuß".
Er ergriff seine Flinte und sprang ans Ufer. Geräuschlos
kroch er durch das hohe Gras. Eben legte er an. Da
vernimmt er einen Ton, der ihm nur zu bekannt ist.
Eine riesige Klapperschlange bäumt sich empor und schoß
zischend auf ihn los. Ehe er sich dessen versehen konnte,
war er gebissen, und das Gift der Klapperschlange ist
tödlich. Zeisberger wäre auch verloren gewesen, wenn die
Schlange nicht in seine dicken Ledergamaschen gebissen hätte,
die mit Franzen dicht besetzt waren. Darin blieb der
Giftzahn der Schlange stecken. So kamen die beiden
Missionare nach vielen Abenteuern und Todesgefahren
glücklich wieder in Bethlehem an. Cammerhoff aber kränkelte
seitdem und starb nach wenigen Jahren. Die Missionsarbeit
unter den sechs Nationen der Irokesen wurde
thatkräftig in Angriff genommen.

Zweites Kapitel.

Schon im ersten Kapitel war von einem Indianerkriege die Rede, welchem eine ganze Kolonie der Brüdergemeine und elf Menschenleben in derselben zum Opfer fielen. Acht Jahre nach diesem schweren Unglück, im Jahre 1763, brach ein neuer großer Indianerkrieg aus. Einem Häuptling der Ottawas, Namens Pontiac, war es klar geworden, daß die Weißen alle Indianer verdrängen und vernichten würden, wenn es den Indianern nicht gelänge, alle Weißen aus Amerika zu vertreiben. Heimlich brachte er eine weitverzweigte Verschwörung unter allen Eingeborenen zustande, und plötzlich brach der Verzweiflungskampf der Indianer gegen die Weißen aus. Die Indianer überfielen die befestigten Militärstationen und die zerstreuten Bauerhöfe der Ansiedler, und verübten alle Grausamkeiten, deren Wilde fähig sind. Die Weißen dagegen gerieten in eine grenzenlose Erbitterung gegen alles, was Indianer hieß, und wo sie nur eines Eingeborenen habhaft werden konnten, schlugen sie ihn tot wie ein schädliches Tier. Bei diesem Kriege geriet die Gemeinde christlicher Indianer, welche durch die Mission der Brüdergemeine gestiftet worden, und welche eben da angesiedelt war, wo die Gebiete der Indianer und der Weißen aneinandergrenzten, in die äußerste Verlegenheit. Die Zahl der getauften Indianer betrug ungefähr 150. Ihre heidnischen

Vandsleute ließen es nicht an Aufforderungen fehlen, zu ihnen in die Urwälder zurückzukehren und mit ihnen gemeinsame Sache zu machen in dem Vernichtungskampf gegen die weißen Eindringlinge. So stark aber das Mitgefühl der bekehrten Indianer für ihre Stammesgenossen war, so war doch der Geist christlicher Zucht, unter den sie sich gestellt hatten, noch stärker. Sie zogen es vor, bei ihren weißen Lehrern zu bleiben und aus deren Munde das Wort Gottes zu hören. Eben das wurde die Ursache, daß sie in die größte Bedrängnis gerieten. Die wilden Indianer sahen sie als Verräter an der eigenen Sache an und lechzten nach ihrem Blut fast noch mehr als nach dem der Weißen. Die Weißen aber sahen in ihnen weiter nichts als Indianer, d. h. schädliche Tiere, die ausgerottet werden mußten. Und je gottloser die Weißen waren und je weniger Verständnis sie für das Werk der Mission besaßen, um so weniger machte ihre Erbitterung einen Unterschied zwischen den grausamen Helden und den unschuldigen Christen. So kam es, daß die Gemeinde der christlichen Indianer gleichsam zwischen zwei Feuer geriet und bald nicht mehr wußte, wie sie ihr Dasein fristen sollte. Am 20. August 1763 überfielen betrunkene weiße Soldaten eine christliche Indianerfamilie, bestehend aus vier Personen, und ermordeten sie, indem sie nicht einmal Weib und Kinder verschonten, wiewohl die Mutter in Todesangst sich ihnen zu Füßen warf und um Gnade flehte. Vier Brüder des ermordeten Mannes befanden sich in der Christengemeinde. Die weißen Soldaten meinten, die Angehörigen des Ermordeten würden nun als Indianer nichts Eiligeres zu thun haben, als heimtückisch Blutrache zu üben. Dem wollten sie zuvorkommen, rückten gegen die Missionsstation heran und waren im Begriff sie zu zerstören. Nur mit der größten Anstrengung gelang es den Missionaren das Unheil abzuwenden, indem sie dem Anführer der Soldaten drohten, daß sie ihn beim Gouverneur von Pennsylvanien verklagen würden. Man wandte sich mit einer Bittschrift um Schutz an den Gouverneur, und dieser zeigte auch den aufrichtigen Willen, die christlichen Indianer zu retten. Aber im Rate desselben wußte man keinen anderen Ausweg, als die Indianer nach Philadelphia, der Hauptstadt Pennsylvaniens kommen zu lassen und sie dort während der Dauer des Krieges unterzubringen, so gut es gehen wollte. Freilich mußten sie zuvor entwaffnet werden. Als dieser Bescheid des Gouverneurs zu den Indianern gelangte, waren sie tief betrübt, denn sie waren gewohnt, nach Weise ihrer Landsleute ihren Lebensunterhalt auf der Jagd zu suchen. Jetzt sollten sie ihre Gewehre abgeben und sich in einer Stadt einschließen lassen. Trotz dessen fügten sie sich und lieferten den Bevollmächtigten des Gouvernents mit überraschender Bereitwilligkeit ihre Waffen ab. Das war wieder ein Beweis von der Echtheit ihrer Bekehrung. Sie waren Krieger gewesen; sie liebten ihre Waffen, die Zeugen ihrer Freiheit, ebensosehr wie ihre wilden Landsleute. Sie hätten sich zerstreuen und in die Jagdreviere des Westens begeben können. Hätten sie es nur gethan, ihre Stammesgenossen hätten sie mit offenen Armen aufgenommen. Aber das Evangelium war ihnen lieber als Freiheit und Leben, und der Heiland, in welchem sie den Schatz ihrer Seelen gefunden hatten, lieber als ihr eigenes Volk.

nen, rückten gegen im Begriff sie zu rengung gelang es en, indem sie dem sie ihn beim Gou- n würden. Man Schutz an den Gou- aufrichtigen Willen, Iber im Rate des- g, als die Indianer sylvaniens kommen Dauer des Krieges e. Freilich mußten dieser Bescheid des agie, waren sie tief Weise ihrer Lands- gb zu suchen. Jetzt sich in einer Stadt sie sich und lieferten mit überraschender as war wieder ein hrung. Sie waren en, die Zeugen ihrer ndsleute. Sie hätten des Westens begeben er Stammesgenossen kommen. Aber das theil und Leben, und zat ihrer Seelen ge- Voll.

25

Ehe sie nach Philadelphia aufbrachen, hielt ein Missionar in ihrer bisherigen Kapelle eine Abschiedsrede über die Worte Psalm 5, 9: „Herr! leite mich in deiner Gerechtigkeit um meiner Feinde willen; richte deinen Weg vor mir her." Die Alten und Kranken, die Weiber und Kinder wurden auf Wagen gepackt, die Männer folgten zu Fuße. Der Missionar Zeisberger ging von einem zum andern und sprach ihnen Mut und Trost ein. An der Spitze des Zuges befand sich ein Beamter des Gouverneurs. Aus jedem Hause, an welchem sie vorüberkamen, rief man ihnen Verwünschungen nach; jeder Wanderer, der dem Zuge begegnete, begrüßte sie mit einem Fluche. Als sie sich Philadelphia näherten, geriet der ganze Pöbel in Bewegung, und man drohte sie zu töten. Der Beamte hielt das Volk nur mit Mühe zurück. Glücklicherweise kam ein heftiger Regenguß, der die erhitzten Gemüter abkühlte. Sonst würde der Beamte kaum imstande gewesen sein, einem Angriff zu wehren. Zur Unterkunft der Indianer in Philadelphia hatte der Gouverneur Baracken angewiesen, welche ursprünglich für englisches Militär errichtet worden waren. Nur ein Teil derselben war damals von einigen Kompanien Hochländer bewohnt. Am 11. November um 9½ Uhr morgens fuhren die ersten drei Wagen mit indianischen Frauen und Kindern in die Baracken hinein. Aber kaum sahen die Soldaten, was für Gäste sie bekamen, als sie zu den Waffen griffen, sich unter Lärm zusammenrotteten, und unter die Indianerweiber, die im Hofe lauerten, zu feuern drohten, wenn sie sich nicht augenblicklich entfernten. Zugleich sammelte sich eine große Volksmenge, die unter Geschrei und Geheul die Indianer

anbringte, und nicht nur mit Flüchen und Beschimpfungen
sie übergoß, sondern auch zu Mißhandlungen schritt.
„Schließt sie zusammen! hängt sie auf! skalpiert die verfluchten Rothäute!" So ging es von Mund zu Mund.
Die Anwesenheit Zeisbergers und anderer Missionare
schüchterte den Pöbel nicht ein, sondern schien ihn nur
noch wüthender zu machen.

So ging es von 10 Uhr vormittags bis 3 Uhr
nachmittags. Die christlichen Indianer ließen jegliche Beschimpfung über sich ergehen. Während der Pöbel sie
schmähte und bedrohte, sprachen sie untereinander: „Jesus
ward verachtet und verworfen von den Menschen. Was
können wir anderes erwarten? Jesus ward gegeißelt und
angespieen und doch that er seinen Mund nicht auf. Warum
sollten nicht wir diese Beleidigungen geduldig ertragen?"
Endlich kam vom Gouverneur der Bescheid, er trage Bedenken, gegen die Meuterer mit Gewalt einzuschreiten, und
wolle die Indianer lieber an einem anderen Orte unterbringen, nämlich auf einer Insel im Flusse Delaware nahe
bei Philadelphia, wo sich zwei große Hospitalgebäude befanden, die zur Sommerzeit als Quarantäne benutzt
wurden. Umwogt vom Pöbel bewegte sich der Zug durch
die Stadt, wie eine Heerde Schafe unter heulenden Wölfen.
Erst als die Indianer auf einer Fähre nach der Insel
übergesetzt wurden, zerstreute sich der Pöbel.

Dort lebten die Armen hinfort unter Aufsicht Zeisbergers. Die Vorkehrungen der Regierung für den Unterhalt der Indianer waren anfangs gänzlich unzureichend.
Bald mußten sie hungern, bald frieren. Da hatte denn
Zeisberger viel zu thun, um jedesmal durch persönliche

und Beschimpfungen
Handlungen schritt.
! stalpiert die ver-
n Mund zu Mund.
anderer Missionare
ern schien ihn nur

mittags bis 3 Uhr
r ließen jegliche Ge-
rend der Pöbel sie
itereinander: "Jesus
en Menschen. Was
ward gegeißelt und
id nicht auf. Warum
geduldig ertragen?"
rscheid, er trage Be-
lt einzuschreiten, und
anderen Orte unter-
flusse Delaware nahe
Hospitalgebäude be-
Quarantäne benutzt
e sich der Zug durch
er heulenden Wölfen.
ähre nach der Insel
Pöbel.

unter Aufsicht Beis-
erung für den Unter-
gänzlich unzureichend.
ren. Da hatte denn
mal durch persönliche

Vorstellungen beim Gouverneur Abhülfe der Not zu erwirken. Die täglichen Gottesdienste wurden regelmäßig gehalten.

Aber auch an diesem Zufluchtsort sollten die bekehrten Indianer kaum länger als einen Monat Ruhe haben. Der Rassenkrieg dauerte fort. Greueltat auf Greueltat wurde verübt, bald von dieser, bald von jener Partei. Die Erbitterung steigerte sich. Die weißen Leute waren auch mit dem Gouverneur zu Philadelphia unzufrieden. "Die getauften Indianer," hieß es, "werden in Sicherheit gebracht. Aber die Ansiedler, die den Urwald urbar machen, fallen unter den Tomahawks der Wilden". So kam es, daß eine nicht unbedeutende Anzahl aufrührerischer Bauern sich zusammenrottete und gegen die Stadt Philadelphia heranrückte, teils um die christlichen Indianer zu ermorden, teils um den Gouverneur einzuschüchtern oder gar abzusetzen. In dieser Not beschloß der Gouverneur von Pennsylvanien, die christlichen Indianer zum Gouverneur des Staates New-York zu schicken und bei ihm in Sicherheit zu bringen. Aber in seiner Verlegenheit griff er die Ausführung des Planes überstürzt und verkehrt an. Ohne erst den Gouverneur von New-York um Rat zu fragen, und ohne abzuwarten, ob derselbe bereit sei, sie aufzunehmen, wurde den Indianern der Befehl erteilt, augenblicklich aufzubrechen. Wie es sich voraussehen ließ, so kam es. Als sie nach einigen Tagereisen bereits die Grenze des Staates New-York überschritten hatten, verweigerte der Gouverneur desselben ihnen die Aufnahme und traf Vorkehrungen, sie nötigenfalls mit Gewalt an der weiteren Reise zu hindern. So mußte denn der Zug wieder kehrt machen. Aber es will scheinen, als habe Gott dies eben zu seiner Verherrlichung so gefügt. Denn die Gegenden, durch welche der Zug ging, waren die am dichtesten bevölkerten Teile des Landes. Viele Leute waren Zeugen des ebenso demütigen als männlichen Betragens der Bekehrten; sie sahen an ihnen die Früchte des Christenglaubens. Die Lästerer vergaßen ihre Schmähung und die Spötter sahen verblüfft zu. Sogar die Soldaten, die ihnen zur Bedeckung dienten, begannen ihnen Achtung zu beweisen. Viele Leute wurden auch Augenzeugen der Gottesdienste, die die Missionare mit den Indianern hielten, und der Gesang und die Andacht der Eingeborenen machten einen tiefen Eindruck auf sie.

Der Gouverneur von Pennsylvanien, der ihnen aufrichtig wohlwollte und es für eine Ehrensache hielt, sie zu schützen, nahm sie wieder in Philadelphia auf, und sie wurden jetzt in den schon früher erwähnten Baracken untergebracht. Da gerade ein heftiger Schneesturm tobte, geschah dies ohne sonderliche Belästigung vonseiten des Pöbels. Sobald man aber in der Umgegend, besonders an der Grenze die Rückkehr der Indianer erfuhr, entstanden neue Unruhen. Die Bauern versammelten sich in den Wirtshäusern und hetzten sich gegenseitig zum Haß gegen die christlichen Indianer und zur Unzufriedenheit mit dem Gouverneur auf. Gegen Ende Januar 1764 rückte ein Haufe Aufrührer, der nach den niedrigsten Angaben 500 zählte, nach anderen das dreifache, auf Philadelphia los. Sie erklärten offen, daß ihre Absicht sei, die christlichen Indianer umzubringen und die Regierung zu stürzen. Anfang Februar gelangte die Kunde davon in die Stadt. Dort waren die

Meinungen geteilt. Viele, auch achtbare Leute stimmten mit der Gesinnung der Aufrührer überein. Sie tadelten die Maßregeln des Gouverneurs und billigten nur das nicht, daß das Blut der Indianer vergossen werden sollte. Andre dagegen, besonders alle, die dem wohlhabenden Bürgerstande angehörten und bei einer Revolution etwas zu verlieren hatten, waren der Meinung, daß unter allen Umständen das Ansehen der Regierung aufrecht erhalten werden müsse. Auf sie gestützt traf der Gouverneur Vorkehrungen zur Verteidigung. Um die Baracken wurden Pallisaden errichtet, Kanonen wurden aufgefahren und eine Kompanie Militär erhielt den Befehl, die Indianer mit Aufbietung aller ihrer Kräfte zu verteidigen. Zugleich wurde eine allgemeine Bürgerversammlung im Rathause abgehalten und dieselbe aufgefordert, die Gesetze aufrecht zu erhalten und die Regierung zu stützen. Sie sollten ein Freiwilligencorps bilden. Der Erfolg war, daß gegen 500 Personen sich meldeten. Dieselben wurden in Kompanien geteilt, und einige von ihnen mußten einen Flußübergang auf dem Wege, auf welchem die Insurgenten kamen, besetzen.

Einige Tage hindurch wurde die Stadt wiederholt in Aufregung versetzt durch das Gerücht: die Insurgenten kommen. Als Signal für den Aufbruch des Freiwilligencorps war ein Kanonenschuß verabredet. Diesen vernahm man in der That eines Nachts. Die Glocken läuteten, die Trommeln wirbelten, Lichter wurden in die Fenster der Häuser gesetzt, und die freiwillige Bürgerwehr eilte zu ihrem Sammelplatz. Wirre Volksmassen wälzten sich durch die Straßen, viele erbittert, viele in großer Angst. Der

Pöbel brüllte; die Gesinnungsgenossen der Insurgenten freuten sich im stillen über die herrschende Verwirrung. Aber die Soldaten, welche die Baracken verteidigen sollten, zeigten Entschlossenheit und Eifer. Und die Zahl der Freiwilligen, die sich versammelten, stieg auf 600.

Inzwischen waren die Insurgenten in der That nahe herangerückt, indem sie an zwei unbewachten Stellen den Fluß Schuylkill überschritten hatten. Die Maßregeln jedoch, die man zu ihrem Empfange traf, ließen sie inne werden, daß sie nichts ausrichten könnten. Sie gaben den Angriff auf und mußten froh sein, daß der Gouverneur, statt Gewalt gegen sie zu brauchen, sich auf Unterhandlungen mit ihnen einließ. Die Insurgenten durften ihre Beschwerden vorbringen, und eine derselben war, daß unter den christlichen Indianern mehrere notorische Mörder seien, deren Hinrichtung sie verlangen müßten. Einer der Insurgenten machte sich anheischig, die Mörder bezeichnen zu können. Am folgenden Tage wurden sämtliche christliche Indianer ihm vorgeführt, aber er gestand offen, daß er keinen einzigen wiederzuerkennen imstande sei. Wohl war das ihre Rechtfertigung in den Augen aller Besonnenen, aber noch konnte der Gouverneur es nicht wagen, sie freizugeben. Die Aufregung war noch zu groß. So mußten die christlichen Indianer denn auch ferner, den Sommer 1764 über, in den Baracken zu Philadelphia bleiben. Das war für diese Leute, die an die Freiheit des Urwaldes gewöhnt waren, eine schwere Prüfung. Sie kamen sich wie lebendig eingemauert vor. Aber die freie Bewegung war ihnen auch zum Wohlbefinden unentbehrlich. Derselben beraubt, fielen sie Krankheiten zum Opfer, und mehr als ein Drittel der Bedauernswerten starb im Lauf des Sommers und Herbstes 1764. Für Zeisberger war die Seelsorge der Indiance in dieser Zeit eine schwere Aufgabe.

Erst im Winter wurde der Friede zwischen den wilden Indianern und den europäischen Kolonien geschlossen. Nachdem das geschehen war, konnten die bekehrten Indianer eine neue Stätte der Ansiedelung im Urwald suchen. In ihrem Namen richteten die Missionare eine Dankadresse für den ihnen gewährten Schutz an den Gouverneur, und am 20. März 1765 verließen sie die englischen Baracken, nachdem sie über Jahr und Tag in Philadelphia verbracht hatten, und ihre Zahl fast auf die Hälfte zusammengeschmolzen war. Nur noch 83 Köpfe stark war das ganze Häuflein der Bekehrten. In ihre alten Wohnungen in der Nachbarschaft der weißen Leute konnten sie nicht zurückkehren, sie mußten sich eine Stätte weiter im Innern des Landes suchen. Eine solche fanden sie am Flusse Susquehanna, ungefähr 30 geographische Meilen nordwestlich von Philadelphia. Dort gab es sowohl Jagdreviere in ihrem ursprünglichen Zustand, als auch einige Strecken Landes, die von denselben Indianern schon früher urbar gemacht worden waren. Wiederum war es Zeisberger, der mit noch einem Missionar den Zug dahin und die Ansiedelung daselbst leiten sollte. In der schriftlichen Instruktion, welche sie erhielten, hieß es unter andern: „Es ist die Pflicht der Missionare, die Indianersprachen zu lernen, eingeborene Gehülfen heranzuziehen, die Indianer lesen und schreiben zu lehren, alle wichtigen Teile der Bibel und möglichst viele Kirchenlieder in die Delawarensprache zu übersetzen, und den Herzen der Bekehrten friedfertige Gesinnung einzustoßen, so daß sie sich im Falle eines neuen Krieges als Kinder des Friedens beweisen, bei Verfolgungen ihren Feinden vergeben und ihre Sache dem gerechten Weltrichter überlassen; endlich die Gemeinde zu der Erkenntnis zu erziehen, daß, aus was für Nationalitäten sie bestehen und was für Stammesunterschiede sie umfassen möge, die christlichen Indianer alle eines seien in Jesu Christo."

Die Wanderung nach dem neuen Wohnort nahm fünf Wochen in Anspruch, da sie sich nicht damit begnügten, selbst die Strecke zurückzulegen, sondern in ihrem Vorrücken zugleich eine möglichst gangbare Straße durch die Wildnis schufen. Wenn sie Hunger litten, mußten sie sich durch Jagd ihre Speise zu schaffen suchen. Einmal war ihr Mangel an Nahrung so dringend, und das Jammern der verschmachtenden Weiber und Kinder so herzzerreißend, daß einige der erfahrensten Jäger noch bei Einbruch der Nacht auszogen, um Wildpret zu erlegen, Zeisberger aber mit seinem Kollegen zum Gebet um Hülfe auf die Knie sank. Ihre Bitte wurde erhört: die Jäger kehrten mit sechs Hirschen zurück.

Während dieser Wanderung feierten sie alle in der Brüdergemeine üblichen Gottesdienste. Dieselben wurden jeden Abend unter freiem Himmel um ein großes Feuer herum gehalten, wenn die Tagereise vollendet war. „Alle Trübsale", so erklärten die armen Pilger, „waren bald vergessen, wenn wir in unsern Versammlungen auf eine so fühlbare und tröstliche Weise die Nähe des Heilandes empfinden durften".

Endlich erreichten sie ihr Ziel. Erlöst aus den Mauern jener Stadt, welche für sie ein Gefängnis gewesen war; wieder zu Hause in den Wäldern ihrer heimatlichen Jagdreviere; in den Kanoes, die über die wohlbekannten Wellen des Susquehanna glitten; in den Maisfeldern, in denen die Weiber zu arbeiten gewohnt waren: waren die Bekehrten voll Dank und Freude. Der stoische Stumpfsinn, in welchen auch christliche Indianer verfallen können, war verschwunden. Sie waren alle wie verjüngt. Hier sah man Männer arbeiten mit der Ausdauer der Kulturvölker; dort sah man auch Weiber und Kinder in ihrem Teil ihre Schuldigkeit thun. Alles geschah mit dankbarer Freude. Die neue Ansiedelung, die im Entstehen begriffen war, hallte wieder von Lobgesängen zu Gottes Ehre. Überall machte sich das Gefühl der Leute im Gesang Luft. Wenn sie auf die Jagd zogen oder im Flusse fischten; wenn sie durch die Wälder streiften und Wurzeln und Kräuter sammelten: schien das Wildpret, das sie erlegten, die Fische, die sie fingen, und alles Gewächs des Erdbodens ihnen durch eine wunderbare Fügung der Vorsehung beschert zu sein. „Friedenshütten" wurde der Ort genannt, und bald sah man hier 20 nach europäischer Art erbaute Blockhäuser mit Fenstern und Feueressen und daneben 13 Indianerhütten sich um ein liebliches Kirchlein und die Wohnung der Missionare gruppieren. Das Kirchlein war 32 Fuß lang, 24 Fuß breit und mit Schindeln gedeckt. Ein Schulhaus war angebaut. Das Haus der Missionare lag gerade gegenüber auf der andern Seite der Straße. Jede Baustelle hatte an der Straße eine Breite von 32 Fuß, und zwischen je zwei Grundstücken war ein Durchgang von 10 Fuß Breite. Hinter den Häusern waren die Gemüse- und Obstgärten. Die ganze

Ansiedelung war umgeben mit einem Zaun aus hölzernen Pfosten und Stangen. Es wurde peinliche Reinlichkeit beobachtet. Im Sommer ging eine Anzahl Weiber durch die Straßen und Gänge, fegte sie mit Besen und räumte den Kehricht fort. Abwärts nach dem Flusse lagen Felder und Wiesen, die mit einem zwei englische Meilen langen Zaun umgeben waren. Die Bekehrten besaßen viel Rindvieh und Schweine und Geflügel jeder Art in Fülle. Sie widmeten dem Ackerbau mehr Zeit als der Jagd und erzielten reiche Ernten. Ihr Handel mit Korn, Ahornzucker, Butter und Schweinefleisch war beträchtlich. Jede Familie baute sich 'n eigenes Boot, um den Ertrag ihres Bodens entfernteren Orten zuzuführen. Das ganze Dörflein glich einem emsigen Bienenschwarm, und die Kolonie entwickelte sich wie man es nie zuvor unter den Indianern gesehen hatte.

Im Oktober 1765 fand die erste Taufe in Friedenshütten statt und wurde der Anlaß einer großen Erweckung. Wilde Indianer von nah und fern kamen herbei, und unter ihnen waren die verschiedensten Stämme vertreten. Da sah man Leute aus denjenigen Stämmen, die in Pennsylvanien wohnten, unter denen die Delawaren die hauptsächlichsten waren. Da sah man Vertreter der sechs Nationen der Irokesen, die das Gebiet des heutigen Staates New-York inne hatten. Die Namen dieser sogenannten sechs Nationen waren die Mohawks, Oneidas, Tuscaroras, Onondagas, Cayugas und Senekas. Sie alle hörten das Evangelium. Diese gingen gläubig von dannen und streuten in ihrer Heimat unter ihren Landsleuten den guten Samen weiter aus, indem sie das große Wort, das sie in Friedenshütten gehört hatten, anderen verkündeten.

Zaun aus hölzernen peinliche Reinlichkeit Anzahl Weiber durch li Besen und räumte n Flusse lagen Felder glische Meilen langen n besaßen viel Rind- er Art in Fülle. Sie als der Jagd und er- lt Korn, Ahornzucker, schlich. Jede Familie Ertrag ihres Bodens ganze Dörflein glich die Kolonie entwickelte ndianern gesehen hatte. le Taufe in Friedens- ner großen Erweckung. n kamen herbei, und n Stämme vertreten. Lämmen, die in Penn Delawaren die Haupt- rter der sechs Nationen rnigen Staates New- efer sogenannten sechs Oneidas, Tuscaroras. Sie alle hörten das ig von bannen und hren Landsleuten den das große Wort, das anderen verkündeten.

Bald konnte das Kirchlein die Menge der aus den ver- schiedensten Stämmen sich einfindenden Zuhörer nicht mehr fassen, und es wurde daher zu Anfang 1767 eine neue große Kirche erbaut.

Eine Gesellschaft weißer Rumhändler, die sich einnisten wollten, wurde von den Nationalgehülfen ausgewiesen.

Wir haben jetzt Zeisberger begleitet bis mitten hin- ein in das Land der Indianer, und wir machen da Be- kanntschaft mit verschiedenen Indianerstämmen. Darum soll jetzt noch von denjenigen Indianerstämmen, die in der Geschichte Zeisbergers die hervorragendste Rolle spielen, dasjenige erzählt werden, was Zeisberger bei ihnen von ihren Überlieferungen gehört hat und in seinen Tagebüchern mitteilt.

Der Stamm der Delawaren nannte sich in seiner eigenen Sprache Lenni Lenape, d. h. Urvolk, und er galt auch unter den anderen Indianern als derjenige Stamm, von welchem die übrigen Stämme sich abgezweigt hätten und ihren Ursprung herschrieben. Sie hatten folgende Überlieferung: Mehrere Jahrhunderte, bevor das Auge des weißen Mannes zum ersten Male die jungfräuliche Herrlichkeit des amerikanischen Kontinents schaute, lebten die Lenni Lenape im fernen Westen. Zu einer Zeit, die näher zu bestimmen sie sich nicht anmaßen, und aus Gründen, die man nicht kennt, wanderten viele ihrer Vor- eltern gegen Morgen aus und kamen an den Vater der Ströme, den Mississippi, von dem ihre Greise ihnen er- zählt hatten, wenn sie im fernen Westen in ihren Hütten saßen. An seinen Ufern lagerten die Irokesen, die nach

3*

Often zogen, wie die Lenape, um eine neue Heimat aufzusuchen, und die zwei Nationen, die einander so unerwartet begegneten, tauschten die indianischen Höflichkeitsbezeigungen untereinander aus.

Vor ihnen rollte der mächtige Strom und jenseits seiner tiefen Wasser lag ein unbekanntes Land, in dessen Bergen und Thälern sie üppige Fluren zu finden hofften, die ihre Herzen erfreuen sollten. Aber um diese zu erreichen, mußten sie das Land der Alleghanies durchziehen, eines wilden kriegerischen Volkes, welches am jenseitigen Ufer des Mississippi wohnte. Die Lenape traten in Verhandlungen mit ihnen, um sich im voraus die Erlaubnis zu holen. Kaum jedoch hatte die Hälfte von ihnen den Fluß überschritten, als die Alleghanies, beunruhigt über die Menge der Fremden, sie verräterisch überfielen. In dieser bedenklichen Lage boten die Irokesen, die den Verlauf der Begebenheiten abgewartet hatten, ihre Unterstützung an. Ein Bündnis wurde zwischen den Irokesen und Lenni Lenape geschlossen, und mit vereinter Kraft erzwangen sie den Übergang über den Mississippi. Wilde Kämpfe folgten, viel Blut wurde vergossen, manche Heldenthat wurde ausgeführt, bis endlich die Alleghanies erschöpft und entmutigt durch eine Reihe von Niederlagen, mit ihren Weibern und Kindern flohen. Die Sieger teilten das Land östlich vom Mississippi, das sie erobert hatten. Weiter nördlich, am Ufer der großen Seen und ihrer Zuflüsse, ließen sich die Irokesen nieder; weiter südlich, im Thale des Ohiostromes bauten die Lenni Lenape ihre Hütten. So untergebracht lebten die beiden Nationen eine lange Zeit in Friede und Freundschaft.

Nach Jahren faßten kühne Delawarenjäger den Plan, die Gegend weiter nach Osten zu erforschen. Sie drangen durch Urwälder, die keiner ihrer Nation je betreten hatte und erreichten das Alleghanygebirge. Dieses überschritten sie und kamen an den Fluß Susquehanna im heutigen Pennsylvanien. Auf diesen schönen Fluß setzten sie ein Canoe und folgten seinem gewundenen Lauf, zwischen stolzen Bergen und fruchtbaren Ebenen, bis ihr erstauntes Auge den breiten Spiegel der Mündung wie Silber in der Mittagssonne glänzen sah. Sie verließen ihre Canoes, drangen in das Dickicht des flachen östlichen Ufers und gelangten an einen zweiten Strom, der in stiller Majestät dem Ocean entgegenwallte und der heute von ihnen den Namen Delaware trägt. Je weiter sie drangen, desto kühner wurden sie. Vielleicht gab es noch einen dritten Strom, tief und breit wie die, welche sie entdeckt hatten. Und sie täuschten sich nicht. Bald blickten sie von selsiger Höhe hinunter auf den Hudson. In diesem ganzen Lande war nirgends der Rauch einer Indianerhütte zu sehen, kein Kriegsruf drang an ihr Ohr. Nur der Gesang der Vögel, das Knacken des Buschwerks unter den Füßen des aufgescheuchten Wildes und der schwere Tritt des Bären, der zu seiner Höhle trabte, unterbrach die heilige Stille in der Natur. Voll Bewunderung eilten die unerschrockenen Forscher zurück zu den Ratfeuern ihrer Nation und berichteten von ihren Entdeckungen. Ein Teil der Lenape wanderte alsbald in diese neuen Jagdreviere aus und baute seine Hütten am Susquehanna, Delaware und Hudson. Insonderheit um den Delaware siedelten sie sich in dichten Massen an, daher dieser Fluß von ihnen seinen

Namen erhielt. Sie teilten sich in viele Zweige, die wieder ihre eigenen Namen erhielten; so waren z. B. die Mohikaner ein Zweig der Delawaren.

Die Irokesen aber hörten nicht so bald, daß die Lenape neue Jagdreviere jenseits des Alleghanygebirges entdeckt hätten, als auch sie, bedacht auf ihren eigenen Vorteil, nach Osten aufbrachen. Den großen Seeen folgend kamen sie an das Becken des Ontario und an die reißenden Wasser des St. Lorenzstromes. Dort ließen sie sich nieder und wurden wieder die nördlichen Nachbarn der Lenape. Aber das gute Einvernehmen, welches zwischen beiden in ihrer vorigen Heimat bestanden hatte, trübte sich in ihren neuen Wohnsitzen. Aus Neid stifteten die Irokesen Unfrieden zwischen den Lenape und deren eigenen Verbündeten. Die Lenape aber, empört über solche Falschheit, wandten ihre Waffen gegen die Irokesen, entschlossen, die ganze treulose Rasse auszurotten. Eine Reihe von Kriegen wütete länger als hundert Jahre.

Aber die Irokesen waren den Delawaren an Zahl nicht gewachsen. Da gab ein weiser Häuptling ihnen den Rat, den Mangel an Zahl zu ersetzen durch eine zweckmäßige Organisation. Während die Delawaren kein gemeinschaftliches und übereinstimmendes Handeln kannten, keine Verfassung besaßen und keine regelmäßige Regierung hatten, traten auf Antrieb jenes alten verständigen Häuptlings fünf Stämme der Irokesen in ein enges Bündnis. Die fünf Stämme waren die Mohawks, Oneidas, Onondagas, Cayugas und Senekas. An der Spitze des Bundes stand ein großer Rat von 50 angesehenen Männern, in welchem alle fünf Stämme ihrer Stärke entsprechend ver-

t viele Zweige, die
so waren z. B. die

t so bald, daß die
es Alleghanygebirges
zt auf ihren eigenen
n großen Seeen fol-
Ontario und an die
:omes. Dort sießen
nördlichen Nachbarn
men. welches zwischen
anden hatte, trübte
18 Neid stifteten die
je und deren eigenen
irt über solche Falsch-
Irokesen, entschlossen,
n. Eine Reihe von
ahre.
Delawaren an Zahl
Häuptling ihnen den
zen durch eine zweck-
Delawaren kein ge-
es Handeln konnten,
;gelmäßige Regierung
verständigen Häupt-
ein enges Bündnis.
ks, Oneidas, Onon-
r Spitze des Bundes
ehenen Männern, in
irke entsprechend ver-

treten waren. Die Versammlungsstätte dieses großen Rates war bei den Onondagas, welche die Mitte des Landes inne hatten. In ihrem Hauptort stand ein lang-gedehntes Holzhaus, welches für die Sitzungen bestimmt war. Die Würde der Ratmänner oder Sachems, wie sie genannt wurden, war erblich, und die Erbfolge war sorg-fältig geregelt. Bevor ein Sachem die Geschäfte seines Amtes übernehmen durfte, mußte er in feierlicher Sitzung seiner künftigen Genossen mit seinem Recht bekleidet werden. Die Sachems hatten alle gleiche Rechte und gleiche An-sprüche und berieten alles gemeinschaftlich, aber als Vor-sitzender galt einer der Sachems von Onoabaga, welcher den Titel Tobodäho führte. Mit der peinlichsten Be-obachtung parlamentarischer Gebräuche, die bei den In-dianern ziemlich entwickelt waren, und mit mehr Würde, als in manchen Parlamenten Europas wurden die Be-ratungen gepflogen und die Beschlüsse gefaßt.

Abgesehen von der Stellung, welche diese Sachems als Mitglieder des großen Rates einnahmen, standen sie auch an der Spitze derjenigen Stämme, welche sie ver-traten. In dieser Eigenschaft hatten sie Ratgeber und Gehülfen an den Häuptlingen, die an Rang und Macht ihnen zunächst kamen, deren Würde aber nicht erblich und deren Zahl nicht festgesetzt war. Die Häuptlinge wurden gewählt und empfingen diese Auszeichnung für gewöhnlich als Belohnung für ein Verdienst, z. B. Klugheit im Rat oder Tapferkeit und Glück im Kriege. Wenn der ganze Bund der Irokesen einen gemeinschaftlichen Krieg führte, leiteten zwei oberste Heerführer, deren Amt erblich war, den Feldzug. Die Streitkräfte wurden unter einer gemeinschaftlichen Leitung zusammengefaßt, und dadurch wurde die Tüchtigkeit zum Kampf gegen äußere Feinde so vermehrt, daß der Bund der Irokesen bald als eine Großmacht bastand und die Delawaren von ihm abhängig wurden. Zur Zeit Zeisbergers war die Abhängigkeit der Delawaren von den Irokesen eine Thatsache, und in der bildlichen Redeweise, deren die Indianer sich bedienten, bezeichneten sie die Irokesen als die Männer, und die Delawaren als die Weiber, die den ersteren untergeben seien. Den Delawaren gefiel es nicht, Weiber zu heißen, aber sie konnten ihre Abhängigkeit nicht leugnen und darum erzählten sie zur Erklärung und Beschönigung dieses demütig en Verhältnisses folgende Geschichte, die Zeisberger von ihnen hörte: Als die Kämpfe zwischen den Irokesen und Delawaren noch nicht beendigt waren, kam der weiße Mann nach Amerika, und die Irokesen wurden in Krieg verwickelt mit den Franzosen in Canada. Sie sollten auf der einen Seite gegen die Franzosen und auf der andern gegen die Delawaren kämpfen. Das wurde ihnen zu viel. Um sich aus der Not zu helfen, ersannen sie eine List. Sie sandten eine Gesandtschaft an die Delawaren mit folgender Botschaft: Der weiße Mann kommt in immer größerer Zahl in das Land. Der rote Mann muß sich hüten, daß er nicht ausgerottet werde. Darum müssen alle Indianer fest zusammenhalten und unter sich einig sein. Alle Uneinigkeiten und Streitigkeiten müssen geschlichtet werden. Dazu muß ein Stamm der Schiedsrichter unter den anderen Stämmen sein. Ein geringer Stamm würde in solcher Stellung keinen Einfluß haben; ein angesehener Stamm muß Schiedsrichter sein.

Ein solcher ungeheurer Stamm seid Ihr Delawaren. Ihr solltet die Waffen beiseite legen, zu friedlichen Beschäftigungen greifen und den Vermittler unter den übrigen Indianerstämmen spielen. So würdet Ihr auf immer allen Bruderkriegen unter den Indianern ein Ende machen, und die Indianer würden die Kraft haben, dem weißen Manne zu widerstehen.

Das war der Inhalt der Botschaft der Irokesen an die Delawaren. Diese letzteren fühlten sich dadurch geschmeichelt, und sie waren auch selbst besorgt wegen des Eindringens des weißen Mannes. Sie errieten nicht, daß eine List dahinter verborgen sei, und meinten, die Irokesen machten den Vorschlag aus Patriotismus. Sie veranstalteten ein großes Fest, bei welchem Abgeordnete der Irokesen und Delawaren zugegen waren, und bei dieser Gelegenheit wurden sie der Übereinkunft gemäß und unter vielen Feierlichkeiten zu Schiedsrichtern erklärt. Sie legten ihre Waffen nieder und widmeten sich friedlichen Beschäftigungen. Die Irokesen aber fuhren fort, die kriegerische Nation zu sein, die sie gewesen waren, und als die Delawaren aus ihrem hochherzigen Traum erwachten, sahen sie sich in der Gewalt der Irokesen.

So hörte Zeisberger bei den Delawaren erzählen.

Es wurden vorhin nur fünf Stämme genannt, welche sich zu dem Bunde der Irokesen zusammenschlossen. Zu Zeisbergers Zeit war aber immer von den sechs Nationen der Irokesen die Rede. Im Jahre 1712 war nämlich noch ein sechster Stamm hinzugekommen, die Tuskaroras. Diese hatten ursprünglich südlich von den Delawaren gewohnt, waren aber im Krieg mit den Europäern aus

ihren Wohnsitzen vertrieben und von den Irokesen in ihr
Land und in ihren Bund aufgenommen worden.

Wenn wir von den Überlieferungen der Indianer
hören, so regt sich in uns die Frage, ob nicht auch ihre
Überlieferungen, wie diejenigen anderer Helden, zurückreichen
bis auf den Ursprung ihres Volkes, der ganzen Menschheit und der Welt überhaupt. Wissen sie nichts zu berichten von einer Schöpfung und einem Schöpfer? In
dieser Beziehung finden wir die Indianer auf sehr niedriger Sinfe. Zeisberger hat so gut wie nichts von ihnen
erfahren können. Bei den Delawaren hörte er bloß,
mehrere Indianer, Männer und Weiber, hätten sich plötzlich am Meeresufer sitzend gefunden. Woher sie gekommen
wären, ob sie von anders woher über das Wasser gefahren
wären, oder ob sie in Amerika selbst entstanden wären,
wußten sie nicht. Von diesen sollte die ganze Rasse herstammen.

Noch thörichter war, was einige alte Irokesen ihm
erzählten: die Indianer hätten ursprünglich im Inneren
der Erde gewohnt. Da habe sich ein Dachs an die Oberfläche durchgewühlt, und sei so erfreut gewesen über das
sonnige Land, was er hier vorfand, daß er zurückeilte, um
seine Entdeckung bekannt zu machen. Daraufhin kamen
die Indianer aus ihren unterirdischen Behausungen hervor
und nahmen Besitz von dem neuen Land.

Wenn die Indianer über die Entstehung der Menschen nicht mehr zu sagen wußten, so wird man kaum erwarten, bei ihnen eine Erinnerung an die andern Ereignisse der Vorzeit, wie z. B. an die Sündflut zu finden.

n den Irokesen in ihr
men worden.

rungen der Indianer
je, ob nicht auch ihre
r Helden, zurückreichen
der ganzen Menſch-
ſen ſie nichts zu be-
inem Schöpfer? In
dianer auf ſehr nie-
wie nichts von ihnen
aren hörte er bloß,
ber, hätten ſich plötz-
Woher ſie gekommen
das Waſſer gefahren
iſt entſtauben wären,
die ganze Raſſe her-

je alte Irokeſen ihm
rünglich im Inneren
Dachs an die Ober-
ut geweſen über das
aß er zurückteilte, um
Darauchin kamen
Behauſungen hervor
and.

'ntſtehung der Men-
wird man kaum er-
n die andern Ereig-
Sündflut zu finden.

Eine ſolche fand Zeisberger jedoch, wenn auch in der abgeſchmackteſten Geſtalt. Als die Erde überflutet wurde, ſo erzählte man ihm, retteten ſich mehre menſchliche Weſen, unter ihnen zwei oder drei Weiber, auf den Rücken einer Rieſenſchildkröte, welche ein ſo hohes Alter erreicht hatte, daß ihre Schale bemooſt war. Dieſe Menſchen benutzten einen Tauchervogel, welcher zufällig daherkam, um nach Land zu ſuchen. Er tauchte in die Tiefe des Waſſers, aber er fand keinen Grund. Endlich flog er weit weg. Aber er kam mit ein wenig Erde im Schnabel zurück. Von ihm geleitet ſchwamm die Schildkröte dahin, wo ſich ein kleines Fleckchen trockenes Land zeigte. Dort ſiedelten ſich die Überlebenden an und bevölkerten aufs neue die Welt.

So die indianiſche Sage von der Sündflut. Von einem Gotte wiſſen ſie weder hier noch bei der Entſtehung der Menſchen zu berichten. Es ſcheint in der That, als ob das Bewußtſein der Indianer ſich nicht zum Begriff einer Gottheit aufgeſchwungen habe. Die einzige Spur von Religion, die wir bei ihnen finden, iſt die abergläubiſche Furcht vor Zaubermächten, die ebenſo zahlreich waren, als es ſichtbare Dinge gab. Solche Zaubermächte oder Manito, wie man ſie nannte, ſollten überall und in jedem Gegenſtand wohnen: in Vögeln, Wild und Fiſchen, in Sonne und Mond, in Seeen und Waſſerfällen, in Felsklippen und finſteren Höhlen, ja in den Steinen auf dem Erdboden, die der Fuß des Wanderers tritt. Jeder Indianer hatte einen ſolchen Manito als ſeinen Schutzgeiſt. Im Traume hatte derſelbe ſich ihm geoffenbart, und ſeitdem trug der Indianer an ſeinem Leibe das

Bild des Gegenstandes, der seinen Schutzgeist bedeutete; auch opferte er demselben.

Das war so ziemlich die ganze Religion der Indianer. Fürwahr, bei einem so unwissenden Volke hatten die Missionäre viel zu thun, um die Erkenntniß des allein wahren Gottes und dessen, den er gesandt hat, Jesu Christi, zu lehren.

Schutzgeist bedeutete; je Religion der Indissenden Volke hatten die Erkenntnis des den er gesandt hat,

Drittes Kapitel.

Nachdem Zeisberger, wie im vorigen Kapitel erzählt wurde, die Missionsstation Friedenshütten am Susquehanna gegründet und zu schöner Blüte gebracht hatte, überließ er die Fortführung des dortigen Werkes einem andern Missionar und eilte selbst weiter gen Westen in die Urwälder, um auch in andern Gegenden das Evangelium zu verkündigen. Vom Flusse Susquehanna, welcher sich in den atlantischen Ocean ergießt, drang er westwärts über das Alleghanygebirge an den gleichnamigen Fluß, einen Nebenfluß des Ohiostromes, welcher letztere wiederum zum Gebiete des „Vaters der Gewässer", des Mississippi gehört. Dort am Flusse Alleghany hatten sich die Delawaren an einem Orte Namens Goschgoschünk niedergelassen.

Begleitet von zwei getauften Indianern machte Zeisberger sich auf den Weg. Sie gingen zu Fuße und hatten ein Pferd mit, welches das Gepäck trug. Bald durch pfadlose Wälder, bald durch Prärien mit mannshohem Grase mußten sich die Reisenden den Weg bahnen in Gegenden, die der Fuß des weißen Mannes noch nie betreten hatte. Nachts schliefen sie in wollene Decken gehüllt unter freiem Himmel, so daß die Kleider des Morgens vom Tau benetzt waren; oft auch goß der Regen in Strömen auf ihr Lager herab. Rastlos aber drangen sie vorwärts, bis sie endlich nach tagelangen Beschwerden ein im dichtesten Wald gelegenes Indianerdorf vom Stamme der Senekas, einer der sechs Nationen der Irokesen, erreichten. Ihre Erscheinung daselbst erregte Verdacht, und kaum waren sie angelangt, als einer der Dorfbewohner sich auf ein Pferd warf und zwölf Stunden weit nach dem nächsten, gleichfalls von Senekas bewohnten Dorfe sprengte, um dem Häuptlinge, der dort wohnte, die Ankunft des weißen Gastes zu melden. Am folgenden Tage kam Zeisberger selbst in das Dorf des Häuptlings. Der Häuptling war ein Mann von vornehmer Erscheinung. Er stand in der Thür seiner Hütte und erwartete die Reisenden. Er erwiederte ihren Gruß kalt, doch versäumte er nicht die Pflichten indianischer Höflichkeit. Er ließ sie sich an seinem Herdfeuer niedersetzen und reichte ihnen eine Erfrischung. „Wohin geht das Blaßgesicht?" war die erste Frage, mit der er das peinliche Schweigen brach und sich neben Zeisberger niederließ. „Nach Goschgoschünk, um die Indianer zu besuchen," erwiederte Zeisberger. „Ist das alles?" — „Ja, das ist alles." — „Warum kommt das Bleichgesicht auf einem so unbekannten Weg? Das ist kein Weg für weiße Leute, und kein weißer Mann ist früher jemals dieses Weges gekommen." — „Seneka," erwiederte Zeisberger, „das Geschäft, welches mich unter die Indianer ruft, ist ganz verschieden von dem anderer weißer Leute, und darum sind auch die Wege, die ich gehe, andere. Ich komme nicht um zu handeln und zu tauschen, ich mache nicht Reisen um Gewinnes willen. Ich bin hier, um den Indianern gute und große Worte zu bringen." — „Was für Worte sind das? Ich wünsche sie

ıngen Beschwerden ein
terdarf vom Stamme
nen der Irokesen, er-
erregte Verdacht, und
ter der Dorfbewohner
f Stunden weit nach
las bewohnten Dorfe
dort wohnte, die An-
Um folgenden Tage
des Häuptlings. Der
rnehmer Erscheinung.
e und erwartete die
) kalt, doch versäumte
öflichkeit. Er ließ sie
und reichte ihnen eine
loßgeschikt?" war die
Schweigen brach und
ıch Goschgoschünk, um
te Zeisberger. „Ist
— „Warum kommt
kannten Weg? Das
`ein weißer Mann ist
nen." — „Seneka,"
, welches mich unter
en von dem anderer
e Wege, die ich gehe,
)ein und zu tauschen,
es willen. Ich bin
roße Worte zu brin-
ı0? Ich wünsche sie

zu hören." — „Die Worte des Lebens," antwortete Zeisberger mit leuchtenden Augen, „ich lehre die Indianer an
Gott glauben und durch den Glauben glückselig werden.
Sind das nicht gute Worte?" — „Nein," rief der Häuptling grimmig aus, „nein, das sind nicht gute Worte für
die Indianer." — „Mein Freund, antworte mir," sagte
Zeisberger, „sind die Indianer nicht menschliche Wesen;
sollen sie nicht glückselig werden? Aber wie können sie
glückselig werden, wenn sie nicht von ihrem Seligmacher
hören?" — „Die Indianer sind so gut Menschen wie ihr
Blaßgesichter, aber Gott schuf sie zu anderen Dingen als
Euch. Er gab ihnen Jagdreviere. Das Wild und der
Wald ist ihr. Von den geschriebenen Worten wissen sie
nichts. Gott gab sie ihnen nicht, und sie können sie nicht
verstehen. Er gab den Weißen die Schrift. Aber was
hilft sie selbst den Weißen? Siehe, wie viele von ihnen
in Gottlosigkeit leben! Erkläre mir das! Inwiefern sind
die Weißen mit ihrer Schrift besser als die Indianer ohne
sie?" — Diese Unterhaltung wurde länger als zwei
Stunden fortgesetzt. Der Häuptling griff die christliche
Religion an, und Zeisberger predigte von ihrem göttlichen
Stifter. „Siehe," sagte er zum Schluß, „diese sind die
Worte, die ich den Indianern sagen komme. Du sagst,
sie sind geschaffen, um durch die Wälder zu schweifen und
Bären und Hirschen nachzulaufen. O nein, mein Freund.
Sie sind geschaffen zu einer höheren Bestimmung. Glaube
mir, es ist Gottes Wille, daß auch sie selig werden."
— „Unter welchem Namen ist das Bleichgesicht bekannt?"
fragte der Häuptling nach einiger Zeit. „Ich bin Ga-
nousseracheri," sagte Zeisberger. Das war sein Name

unter den Indianern, und unter diesem Namen hatten die Irokesen ihn in ihre Volksgenossenschaft aufgenommen. Augenblicklich änderte sich des Häuptlings ganzes Benehmen. Ein Lächeln zog über sein finsteres Gesicht, er ergriff Zeisbergers Hand, nannte ihn seinen Bruder und sagte, er habe oft von ihm gehört. Er bat ihn, er möge die Kälte entschuldigen, mit der er ihn behandelt habe. „Ich dachte, mein Bruder sei gesandt, um das Land der Senekas auszukundschaften. Hätte ich seinen Namen gewußt, er würde mir sehr willkommen gewesen sein." Völlige Herzlichkeit herrschte von da an zwischen den beiden, und der Häuptling wollte dem Missionar in der Fortsetzung seiner Reise nicht hinderlich sein, warnte ihn aber ängstlich vor den Delawaren in Goschgoschünk, die an Bosheit und Mordsucht ihres gleichen nicht hätten. Zeisberger erwiederte, um so nötiger sei es, ihnen das Wort von 1⁵ Erlöser zu verkündigen. Übrigens fürchte er sich vc n nicht, da ihm ohne den Willen seines Gottes kein Leid widerfahren werde. So verließ Zeisberger diesen Häuptling.

Im nächsten Dorfe der Senekas, welches die Pilger erreichten, hatte sich schon die Nachricht verbreitet, daß Zeisberger ein unter den Irokesen hochgeehrter Mann sei. Man empfing ihn mit ausgesuchter Höflichkeit und bat ihn, für den Abend ihr Ehrengast zu sein. Feierlich führten sie ihn in die größte Hütte und baten ihn, dieselbe als sein Eigentum zu betrachten, während geschäftige Indianerfrauen sich beeilten, ein Mahl herzurichten. Wald, Feld und Fluß mußten ihre ausgesuchtesten Leckerbissen liefern, und im Kreise der festlich bemalten und geputzten Krieger

dem Namen hatten die
enschaft aufgenommen,
änptlings ganzes Be-
n finsteres Gesicht, er
ihn seinen Bruder und
Er bat ihn, er möge
r ihn behandelt habe.
bt, um das Land der
ich seinen Namen ge-
n gewesen sein." Bäl-
n zwischen den beiden,
liffionar in der Vori-
sein, warnte ihn aber
Goschgoschünk, die an
en nicht hätten. Zeis-
es, ihnen das Wort
Übrigens fürchte er
i Willen seines Gottes
riteß Zeisberger diesen

o, welches die Pilger
rlich verbreitet, daß
ochgeehrter Mann sei.
öflichkeit und bat ihn,
in. Feierlich führten
ten ihn, dieselbe als
) geschäftige Indianer-
arichten. Wald, Feld
n Leckerbissen liefern,
und gepußten Krieger

40

wurde er königlich bewirtet. Gegen Abend begannen die
Indianer einen Kriegstanz. Auf den Schlag einer Trom-
mel, die aus einer über ein leeres Faß gespannten Hirsch-
haut bestand, erschienen sie vor der Hütte, alle entblößt
bis auf die Beinkleider. Plötzlich schwangen sie ihre Keu-
len und Tomahawks, sprangen hoch in die Luft und stießen
ein seltsames Geschrei aus. So gingen sie die ver-
schlungenen Pfade ihres Tanzes mit wachsender Erregung,
bis ein Wirbel toller Verwirrung entstand. Auf ein
zweites Zeichen hielten sie inne, nahmen Plätze rings um
das Feuer ein, und mit der Begeisterung alter schottischer
Barden begannen sie ihre eigenen Heldenthaten zu be-
singen, während der Trommelschlag eine mißtönende Begleitung bildete. Diese wilden Gesänge dauerten so lange,
daß Zeisbergers Geduld ganz erschöpft war, und er Anstalt
machte, sich schlafen zu legen. „Wünscht Ganoufferacheri
zu schlafen?" sagte einer von den Indianern, sobald er
das bemerkte. „Ja," erwiederte er, „ich wünsche zu schlafen,
denn ich bin sehr müde". Der Gesang verstummte alsbald, ein zweites Mahl wurde aufgetragen, und indem sie
ihren Gästen höflich gute Nacht wünschten, entfernte sich
die Gesellschaft. Allein mit seinen zwei christlichen Reise-
begleitern hielt Zeisberger den Abendsegen beim schwachen
Schein des verglimmenden Feuers.

Endlich am 16. Oktober 1767 erreichten die Reisenden
ihr Ziel Goschgoschünk am Alleghanyfluß und fanden vorläufig freundliche Aufnahme bei einem Verwandten eines
der Begleiter Zeisbergers. Zeisberger aber ließ die Ein-
wohner des Ortes alsbald zusammenrufen und gab ihnen
die Absicht seines Besuches zu erkennen. Im nächstigen

Römer, Indianer. 4

Dunkel versammelte sich das Volk in einer großen Hütte um gewaltige Feuer. Wild und grausam waren ihre Blicke, und gleich unheimlichen Gespenstern stellten sie sich um den weißen Fremdling herum, als hätten sie ihn bereits zum Schlachtopfer ausersehen. Es waren in der That unter ihnen solche zugegen, die einst bei der Ermordung der elf Missionare mitgeholfen hatten. Zeisberger aber fühlte große Freudigkeit in seinem Herzen und hielt eine so mächtige Ansprache an die Versammlung, daß mehrere der Zuhörer unwillkürlich ausriefen: „Ja, das ist gewißlich wahr. Das ist der rechte Weg zur Seligkeit."

Freilich mußte Zeisberger während seines weiteren Aufenthaltes in Goschgoschünk erfahren, daß der Senekahäuptling von diesem Volke nicht zu viel gesagt habe. Bald regte sich die Feindschaft wider das Evangelium. Ein falscher Prophet trat auf. Er verkündigte, daß er im Himmel ganz bekannt sei, aber von dem Gotte, welchen Zeisberger predige, der Mensch geworden und am Kreuz gestorben sein solle, wisse er nichts. Er fing an öffentlich zu disputieren und zeigte an einer Zeichnung, welche er auf die Erde machte, daß es zwei Wege zur Seligkeit gäbe, und daß der Weg der Indianer geschwinder zu Gott führe, als der Weg der weißen Leute. Zeisberger fragte ihn: „Was für ein Gott ist dein Gott? Woran erkennst du ihn?" Diese Frage überraschte den Propheten und er schwieg. „Wenn du es mir nicht sagen kannst," fuhr Zeisberger mit lauter ernster Stimme fort, „so will ich es dir sagen. Der Gott, den du unter den Indianern predigst und dessen Knecht du bist, ist der Teufel. Der Teufel aber ist ein Vater der Lüge, und weil du sein

Knecht bist, predigst du Lügen und betrügst die Indianer." Etwas kleinlaut erwiederte der Prophet: „Die Lehre des weißen Mannes kann ich nicht verstehen; sie ist mir etwas ganz Neues und Fremdes." „Ich will dir sagen, wie das kommt," versetzte Zeisberger, „der Satan ist der Fürst der Finsterniß. Wo er ist, da ist Finsterniß. Und der wohnt in dir. Darum kannst du auch nichts von Gott und seinem Worte verstehen. Wenn du aber umkehrst und kommst zum Heiland als ein armer verlorener Sünder und rufst ihn um Gnade und Barmherzigkeit an, so möchte er sich deiner noch erbarmen und dich aus der Gewalt des Satans erlösen. Erst dann ist es möglich, daß du etwas von Gott und seinem Worte verstehen lernst; jetzt aber ist es nicht möglich. Noch ist es Zeit. Der Heiland giebt dir noch Frist. Wenn du dich zu ihm wendest, so kann dir noch geholfen werden. Aber säume nicht, sondern eile und errette deine arme Seele." Diese Worte Zeisbergers trafen den falschen Indianerpropheten. Er war wie geschlagen, bekannte, daß auch er arm und unwissend sei, und bat, wie alle übrigen, um einen abermaligen Besuch Zeisbergers. Die Delawaren in Goschgoschünk faßten sogar den Beschluß, bei der Direktion der Brüdergemeine um einen ständigen Lehrer anzuhalten, und trugen diese Bitte dem Missionär auf, welcher mit Dank gegen Gott die Rückreise am 23. October 1767 antrat, und am 5. November wieder in Friedenshütten eintraf, von wo er sich nach Bethlehem begab, um über seine Reise und deren Erfolg Bericht zu erstatten.

Als die Brüder im Frühjahr 1768 noch Vorkehrungen trafen, um eine dauernde Mission am Alleghanyflusse zu

4*

errichten, kamen von dort schon Boten der Delawaren nach Bethlehem, um ihre Bitte vom vorigen Jahre zu wiederholen. Alsbald machte Zeisberger mit noch einem anderen Missionar und drei bewährten Familien aus den getauften Indianern sich auf den Weg. Nach einer Reise von fünf Wochen erreichten sie am 9. Juni Goschgoschünk, wo sie von den Helden mit großer Freude empfangen und von dem vorher erwähnten Propheten in seinem Hause aufgenommen wurden. Zeisberger predigte nun dem Volke, dessen greiser Häuptling Almewi ihm besonders gewogen war, jeden Tag und hielt Morgen- und Abendandacht, wobei geistliche Lieder gesungen wurden, welche Zeisberger in die Delawarensprache übersetzt hatte. Die Dorfbewohner kamen fleißig zu den Versammlungen, von denen Zeisberger in sein Tagebuch schrieb: „Es ist ein auffallender Anblick, so viele zur Predigt des Evangeliums versammelt zu sehen, die ihre Gesichter mit schwarzer oder scharlachroter Farbe angestrichen haben, und auf deren Köpfen ein Busch von Federn oder F..chsschwänzen sich beständig bewegt. Die vornehmen Frauen der Delawaren sind mit einer feinen weißen leinenen Schürze bedeckt, die bis zu den Knien hinabreicht. An ihrer Brust hängen ein paar silberne Knöpfe, und ihr langes Haar ist mit einem Stück Tuch um den Scheitel gewunden. Die reichsten unter ihnen schmücken ihr Haupt mit silbernen Zieraten von bedeutendem Gewicht und behängen ihre Ohren mit Korallen oder silbernen Kreuzen. Andre haben das Haar nur in eine Schlangenhaut eingewickelt."

Mit Hülfe der Indianer erbauten sich die Missionare außerhalb des Dorfes ein eigenes Blockhaus, neben welchem

ten der Delawaren nach
eigen Jahre zu wieder-
mit noch einem anderen
iiten aus den getauften
h einer Reise von fünf
Goschgoschünk, wo sie
e empfangen und von
in seinem Hause auf-
edigte nun dem Volke,
hm besonders gewogen
jen- und Abendandacht,
rben, welche Zeisberger
lte. Die Dorfbewohner
gen, von denen Zeis-
. Es ist ein auffallender
vangeliums versammelt
hwarzer oder scharlach-
und auf deren Köpfen
schwänzen sich beständig
er Delawaren sind mit
rze bedeckt, die bis zu
Brust hängen ein paar
ior ist mit einem Stück
. Die reichsten unter
silbernen Zieraten von
n ihre Ohren mit Ko-
ndre haben das Haar
ickelt."
uten sich die Missionare
lochaus, neben welchem

die gläubigen Eingeborenen ihre Hütten aufschlugen. Das
Feld umher bepflanzten sie mit Welschkorn.

So ging es eine Weile ganz vortrefflich, aber als
mit der Bekehrung zu Christus ernst gemacht werden
sollte, da änderte sich die Stimmung. Auf einmal schien
die Hölle loszubrechen, und eine gewaltige Feindschaft
gegen das Evangelium und seine Boten erhob sich. Besonders thaten sich die Weiber mit ihren Klagen hervor.
Sie behaupteten, seit Zeisbergers Predigt sei der Segen
des Himmels von Goschgoschünk gewichen. Das Welschkorn
erfriere auf dem Felde oder werde von Würmern zer-
fressen. Das Wild fliehe aus den Wäldern. Kastanien
und Heidelbeeren gediehen nicht mehr. Dann wurden
allerhand ungünstige Gerüchte verbreitet: Wenn man erst
die Missionare aufgenommen habe, so würden bald mehr
Weiße kommen und die Indianer zu Sklaven machen
und dergleichen. Die heidnischen Zauberer brachten feierliche Opfer, um den Himmel wegen der Anwesenheit der
weißen Lehrer zu versöhnen, und von einem benachbarten
Indianerstamm kam geheime Botschaft mit der Drohung,
es würde den Leuten in Goschgoschünk schlecht ergehen,
wenn sie die weißen Lehrer nicht verjagten oder ums Leben
brächten. Diese geheime Botschaft war zwar gefälscht,
aber sie that die beabsichtigte Wirkung. Endlich schickte
sogar ein weit entfernt wohnender heidnischer Zauberer
dem Häuptling Allemewi die feierliche Ankündigung, wenn
er noch länger der Lehre der weißen Leute zuhöre, so
werde alles Korn von der Sonne verbrannt werden. So
kam es, daß die Mehrzahl der Indianer in Goschgoschünk
den Missionaren feind wurde. Die Gottesdienste wurden

gestört. Man hörte die Drohung: „Die zwei weißen Männer müssen getötet werden." — „Ja," hieß es, „und alle getauften Indianer mit ihnen, und ihre Leiber müssen in den Allegheny geworfen werden." Zwei Indianer verschworen sich sogar insgeheim, Zeisberger zu ermorden.

Aber trotz aller dieser Schrecknisse arbeiteten die Missionare ruhig weiter. Und daß sie selbst jetzt noch einen heilsamen Einfluß ausübten, zeigte sich unter andern daran, daß dem Verlauf des Branntweins in Goschgoschünk gewehrt wurde. Den Händlern wurde der Zutritt verboten. Als zum zweiten Male ein Mordanschlag gegen Zeisbergers Leben ans Licht gezogen war, hielten diejenigen Indianer, welche noch seine Predigt besuchten, einen Rat, und beauftragten zwei aus ihrer Mitte, den jungen Leuten, die den Anschlag gemacht hatten, einen öffentlichen Verweis zu erteilen. Goschgoschünk spaltete sich in eine christliche und eine heidnische Partei. Mehrere Indianer bauten sich Hütten rings um das Blockhaus der Missionare, und unter diesen befand sich auch der Häuptling Almewi. Bald standen sieben Hütten, von sechs Familien bewohnt, um das Missionshaus her.

Aber die Standhaftigkeit der Christen schien die heidnische Partei zur äußersten Erbitterung und zur Aufnahme eines Vernichtungskampfes zu reizen. Es gelang Anhängern dieser Partei, trotz des geltenden Verbotes, im geheimen mehrere Fässer Rum ins Dorf einzuschmuggeln. Die Trunksucht und die Ausschweifungen unter den Heiden wurden ärger denn zuvor. Diejenigen Indianer, welche sich Zeisberger angeschlossen hatten, verloren den Mut, und endlich sah Zeisberger sich genötigt, mit den Bekehrten den

Ort zu verlassen. Unter letzteren befand sich der Häuptling Almewi, ein ehrwürdiger Greis von 120 Jahren, mit welchem durch die Kraft des Evangeliums eine ganz auffallende Umwandlung vorgegangen war. Er leitete die Übersiedelung nach einem etwa zehn Meilen weiter ebenfalls am Flusse Alleghany gelegenen Platze. Am 7. April 1769 fuhren die Bekehrten in ihren Kanoes stromabwärts, während ihre heidnischen Volksgenossen in düsterem Schweigen ihren Abzug mit ansahen. Daß die Missionare gingen, war den Helden recht, aber sie waren nicht einverstanden damit, daß die bekehrten Landsleute mit ihnen gingen. Sie wollten nicht, daß das Dorf durch ihren Abzug eine Einbuße an Bevölkerung, Wehrkraft und Wohlstand erlitt.

Die neue Niederlassung hatte ihre schweren Anfänge. Doch fanden sich bald die Indianer der Umgegend ein, um die Predigt zu hören. Unter ihnen befand sich der stolze Delawarenhäuptling Glikkikan, der nur in der Absicht kam, den weißen Lehrer mit kluger Gegenrede zu schanden zu machen. Glikkikan hatte in mancher Schlacht gefochten, sowohl in den Kriegen der Indianer untereinander, als auch in dem langwierigen Kampf der Franzosen gegen die Engländer. Sein R. als Krieger wurde nur verdunkelt durch den Ruf seiner Beredsamkeit. Darin konnten sogar welsche Leute sich nicht mit ihm messen. Jesuiten, welche seinen Stamm gern bekehrt hätten, hatte er zum Schweigen gebracht, und auch mit einem Manne aus der Brüdergemeine hatte er siegreich disputiert. Jetzt kam er in das Dorf am Alleghany, um Zeisberger zu schanden zu machen. Nachdem er einige Male stille zugehört hatte, erschien er aufs neue mit einer ganzen Schar seiner Stammesgenessen, damit sie Zeugen seines Sieges sein sollten. Er hatte sich auf das Zusammentreffen vorbereitet, hatte überlegt, was er sagen wollte und sogar den Wortlaut seiner Rede dem Gedächtnis eingeprägt. Aber als er den Ort vor sich sah, konnte er sich, wie er später gestand, auf keinen einzigen Satz mehr besinnen. Da Zeisberger augenblicklich abwesend war, empfing ihn der getaufte Indianer Anton, der vor Begierde brannte, seine Landsleute mit dem Heiland bekannt zu machen. Er setzte Glikkikan und und dessen Begleitern Essen vor und brachte das Gespräch sogleich auf religiöse Dinge. "Meine Freunde," sagte er, "hört mir zu. Ich will Euch eine große Sache erzählen. Gott machte Himmel und Erde und alles, was darinnen ist. Es giebt nichts, was Gott nicht gemacht hat." — Hier machte er eine kleine Pause; dann fuhr er fort: "Gott hat uns geschaffen. Aber wer von uns kennt seinen Schöpfer? Keiner. Ich sage Euch die Wahrheit: Keiner. Denn wir sind von Gott abgefallen. Wir sind sündige Geschöpfe. Unsere Vernunft ist durch die Sünde verfinstert." — Bei diesen Worten setzte er sich nieder und schwieg lange. Plötzlich stand er auf und rief: "Der Gott, welcher alle Dinge gemacht und uns geschaffen hat, kam in die Welt als ein Mensch. Warum kam er so in die Welt? Überlegt Euch das!" — Nach einer Weile fuhr er fort: "Ich will es Euch sagen. Gott wurde ein Mensch und nahm Fleisch und Blut an sich, damit er als Mensch die Welt mit sich versöhnen könnte. Durch seinen bitteren Tod am Kreuz erwarb er uns Leben und ewige Seligkeit und hat uns losgekauft von der Sünde, vom Tode und von der Gewalt des Teufels." In solchen kurzen Sätzen entfaltete er das ganze Evangelium. Als er fertig war, bestätigte Zeisberger, welcher inzwischen nach Hause gekommen war, mit kurzen Worten das Gesagte und bat Glikkikan, es sich zu Herzen zu nehmen.

Glikkikan hatte einen aufrichtigen Charakter und war Vorstellungen zugänglich. Er hatte bisher am Aberglauben seiner Väter gehangen, weil er noch nicht von der Wahrheit des Christentums überzeugt war. Aber bei dieser Gelegenheit begann das Licht der Wahrheit in seinem Geiste aufzudämmern. Statt seine vorgldurch achte Ansprache vorzubringen, erwiederte er bloß: „Ich habe nichts zu sagen; ich glaube euren Worten." Er war gekommen, wie Bileam, dem Volke Gottes zu fluchen, aber wie Bileam, wurde er gezwungen, es zu segnen.

Als er darauf nach Gaschgoschün' kam, rügte er die dortigen Indianer wegen ihrer Gottlosigkeit, und sein Einfluß bewirkte, daß auch die Bewohner dieses Ortes, welchen Zeisberger hatte aufgeben müssen, wieder gestatteten, daß unter ihnen das Evangelium geprediget wurde. Die neue Niederlassung der Christen aber kam immer mehr in Blüte. Schon 1770 zählte sie eine Anzahl Getaufter. Dem greisen Häuptling Allemewi wurde am Weihnachtsfeste die Gnade dieses Sakramentes zu teil, und er empfing bei der Gelegenheit den Namen Salomo.

So war denn also wieder an einem neuen Orte das Licht des Evangeliums auf den Leuchter gesetzt. Aber gleichwie der Apostel Paulus rastlos von einer Stadt zur anderen eilte, damit womöglich keine übrig bleiben möchte, in deren Mauern das Wort vom Kreuz nicht verkündigt worden wäre, so eilte auch Zeisberger, der Apostel der

Indianer, rastlos weiter hinaus in jene unbegrenzten Gebiete, die noch in Finsternis und Schatten des Todes lagen, damit auch ihnen die Morgenröte des Tages des Heiles anbrechen möge.

Die Veranlassung zum weiteren Vorbringen gen Westen ergab sich ungesucht. Der bereits erwähnte Häuptling Glikkikan lud Zeisberger ein sich mit seiner Christengemeine bei ihm am Biberfluß niederzulassen und in jener verhältnismäßig zahlreich bevölkerten Gegend das Evangelium zu predigen. Damit mußte ein weiterer Schritt nach Westen geschehen, denn der Biberfluß, der wie der Alleghanyfluß vom Norden her dem Ohiostrome zueilt, befindet sich schon an der äußersten Grenze Pennsylvaniens nach dem heutigen Staate Ohio hin. Zeisberger sah in dem Anerbieten Glikkikans eine Weisung Gottes, und nachdem er die Genehmigung der Missionsdirektion eingeholt hatte, fuhr er mit seinen Anbekehrten am 17. April 1770 nach einem ernsten Abschied von den Indianern in Goschgoschünk auf 16 Booten den Alleghanyfluß bis nach Pittsburg hinab, von wo sie auf dem Ohiostrom ihre Reise bis zu der Stelle fortsetzten, wo sie in die Mündung des Biberflusses einlaufen konnten. Die einen von den Booten waren mit den bekehrten Indianerkriegern besetzt, die bis an die Zähne bewaffnet waren, und auf deren Köpfen Federbüsche prangten. Die andern Boote trugen die wehrlosen Missionare mit den Weibern und Kindern der Christengemeinde. Von Zeit zu Zeit schallte eines der köstlichen deutschen Lieder, welche Zeisberger in die Delawarensprache übertragen hatte, über die breiten Gewässer des Ohio dahin und durchbrach zum erstenmal die Toten-

jene unbegrenzten Ge-
Schatten des Todes
:uröte des Tages des

eren Vordringen ge-
rreits erwähnte Häupt-
ch mit seiner Christen-
erzulassen und in jener
n Gegend das Evan-
e ein weiterer Schritt
Biberfluß, der wie der
m Ohiostrome quellt.
Grenze Pennsylvaniens
n. Zeisberger sah in
Weisung Gottes, und
Missionsdirektion ein-
belehrten am 17. April
von den Indianern in
Allegangfluß bis nach
f dem Ohiostrom ihre
so sie in die Mündung
Die einen von den
ndianerkriegern besetzt,
waren, und auf deren
andern Boote trugen
Weibern und Kindern
Zeit schallte eines der
eisberger in die Delo-
die breiten Gewässer
n erstenmal die Toten-

stille seiner Einsamkeit. In der That war es dazumal
einsam in jener Gegend, die heut von gewerbsfleißigen
Menschen wimmelt. Nicht einmal die Hütte eines Indianers
war zu sehen. Nur die Ruinen eines längst verlassenen
Indianerdorfes zeigten sich ein einzigesmal. Auf den
beiden letzten Tagereisen am Biberfluß mußten die Pilger
ihr sämtliches Gepäck tragen, da sie an einen Wasserfall
gelangt waren über welchen sie nicht in ihren Booten
hinwegkommen konnten. Endlich acht Stunden Weges
oberhalb der Mündung des Biberflusses, mitten in der
dichtesten Wildnis, erreichten sie am 3. Mai 1770 den
Platz, der ihnen künftig zur Wohnung dienen sollte.
Feierlich wurden sie hier von Glikkikan empfangen und
begannen alsbald ihre erste Arbeit. Hütten wurden auf-
geschlagen, das Land bepflanzt, und die neue Niederlassung
erhielt den Namen „Friedensstadt", auf indianisch Lagun-
tontenünk.

Zeisberger machte Glikkikan aufmerksam auf alles,
was er aufgeben müsse, wenn er ein Jünger des Ge-
kreuzigten werden wolle, und auf die Verfolgungen, die
er sich zuziehen würde. Glikkikan jedoch hatte schon er-
wogen, ob er es habe hinauszuführen, und war entschlossen,
mit dem Volke Gottes zu leben und zu sterben. Er
ließ es sich nicht nehmen, in der Mitte der kleinen Gemeinde zu wohnen und konnte bald hernach getauft werden,
wobei er den Namen Isaak bekam. Bis zu seinem Tode,
der fast dem Tode eines Märtyrers glich, und von dem
später erzählt werden wird, ist er seinem Taufbunde treu
geblieben, wiewohl die Anfechtungen um Christi willen
nicht lange auf sich warten ließen. Die Heiden wollten

sich nicht darein finden, ihren tapfersten Krieger und beredtesten Ratgeber zu verlieren. Einer seiner ehemaligen Genossen sprach zu ihm: „Und so bist du mitten aus unserem Rat zu den Christen gegangen? Was willst du bei ihnen? Hoffst du eine weiße Haut zu bekommen? So wenig einer deiner Füße weiß werden wird, so wenig kann deine ganze Haut sich wandeln. Warst du nicht ein tapferer Mann? Warst du nicht ein geachteter Ratgeber? Saßest du nicht am Ratfeuer an meiner Seite mit einem Teppich vor dir und halfst mir die Geschäfte unserer Nation leiten? Und jetzt verschmähst du das alles. Du denkst, du habest etwas Besseres gefunden. Warte nur! Bald genug wirst du inne werden, wie jämmerlich du betrogen bist." — So der heidnische Häuptling. Glikkikan erwiederte: „Du hast recht. Ich habe mich den Christen angeschlossen. Wo sie hingehen, da gehe ich auch hin. Wo sie bleiben, da bleibe ich auch. Nichts soll mich von ihnen scheiden. Ihr Volk soll mein Volk sein, und ihr Gott mein Gott."

Eine verheerende Seuche, die unter den Delawaren ausbrach, und deren Ursprung sie ihren Zauberern zuschrieben, bewog diesen Indianerstamm, in der Annahme des Evangeliums das Heilmittel zu suchen. Der Stamm in seiner Gesamtheit faßte den Beschluß, das Wort Gottes in ihrem ganzen Lande zuzulassen, und jeden, der sich dem widersetzte, als einen Feind der Nation anzusehen. Darauf nahm das Missionswerk in Friedensstadt am Biberfluß, wo seit Oktober 1770 Missionar Jungmann mit seiner Frau als Mitarbeiter eintraten, guten Fortgang. Frau Jungmann redete die Delawarensprache fließend und übte einen segensreichen Einfluß auf die Indianerfrauen aus.

ften Krieger und be-
er seiner ehemaligen
bist du mitten aus
eu? Was willst du
saut zu bekommen?
rden wird, so wenig
Warst du nicht ein
grachteter Ratgeber?
ur Seite mit einem
häfte unserer Nation
b alles. Du denkst,
Warte nur! Bald
interlich du betrogen
Gliklikan erwiederte:
hristen angeschlossen.
n. Wo sie bleiben,
von ihnen scheiden.
r Gott mein Gott."
iter den Delawaren
hren Zauberern zu-
t, in der Annahme
chen. Der Stamm
i, das Wort Gottes
jeden, der sich dem
anzusehen. Darauf
todt am Biberfluß,
ngmann mit seiner
n Fortgang. Frau
: fließend und übte
ndianerfrauen aus.

Am 20. Juni 1771 wurde eine hölzerne Kirche eingeweiht. Die Christengemeine war auf hundert Personen angewachsen. Einer der angesehensten unter den Häuptlingen der Delawaren gab, als er auf dem Sterbebett lag, seinen Kindern den Rat, nach Friedensstadt zu gehen und den Glauben an Jesum Christum zu lernen. Es folgte für Zeisberger auf lange Thränensaat eine Freudenernte.

Zeisberger hat in seinen Tagebüchern so viele Züge aus dem Leben der heidnischen Delawaren aufgezeichnet, daß man sich aus seinen Mitteilungen ein ziemlich deutliches Bild von dem damaligen Zustand dieses Volkes machen kann. Die Dörfer der Delawaren lagen an Bächen oder Flüssen. Sie bestanden aus einer unbedeutenden Anzahl von Hütten, die ganz unregelmäßig nebeneinander gebaut waren. Jede Familie hatte ihre eigene runde Hütte mit einem spitzen Dach. In der Spitze war ein Loch, welches den Rauch hinauslassen sollte. Die Hütte war aus hölzernen Pfählen errichtet und mit Baumrinde bekleidet.

Treten wir in eine solche Hütte, so muß unser Auge sich zuerst an den beißenden Rauch gewöhnen, der sie erfüllt. Dann erkennen wir auf dem Boden in der Mitte die Feuerstätte und rings an der Wand eine Art Bank, die bei Tage als Sitz und Tisch, bei Nacht als Bett dient. Sie ist bedeckt teils mit Hirsch- und Bärenfellen, teils mit Binsenmatten, die von der Frau geflochten und bunt bemalt sind. Im Hintergrunde hängt an einem Pflock ein Gegenstand, der offenbar die Stelle einer Wiege vertritt. Es ist ein Brett mit Moos bedeckt; darauf liegt ein kleines Kind, das in ein Fell oder ein Stück

Zeug gewickelt ist. Das Kind kann sich nicht rühren, denn über dasselbe gehen einige gebogene Hölzer, die es festhalten wie die Reifen ein Faß.

Um die Feuerstätte in der Mitte lungert eine Anzahl lebender Wesen. Teils sind es magere, wolfsartige, mit Ungeziefer bedeckte Hunde, die ihr Ungeziefer der ganzen Hütte mitteilen; teils sind es die Knaben des Hauses, von denen die einen ganz nackt sind, während ältere einen kleinen Schurz haben, der mit einem Riemen über die Schulter befestigt ist. Erziehung genießen diese Knaben nicht. Sie thun, was ihnen beliebt, und Strafe giebt es selbst für den größten Unfug selten. Die Eltern fürchten, sie könnten sich rächen, wenn sie erwachsen sind. Wenn sie es wagen, sie zu züchtigen, so besteht die ganze Züchtigung in weiter nichts, als einem Guß kalten Wassers ins Gesicht.

Die Mädchen dagegen werden abgerichtet zur sklavischen Verrichtung der häuslichen Arbeiten. Eines derselben, das nur mit einem kurzen Schurz bekleidet ist, sehen wir im Hintergrunde stehen und in einem Mörser, der aus einem Baumstumpf geschnitzt ist, Maiskörner zu Mehl zerstampfen. So geht sie der Mutter an die Hand. Diese finden wir mit Backen von Brot in der Asche und mit Kochen beschäftigt. Ihr langes schwarzes Haar, das bis auf die Hüften herabhängt, ist reichlich eingeschmiert mit Bärenfett. Um den Leib ist eine Art Unterrock festgebunden, der bis unter die Knie hinabreicht. Derselbe war ehemals künstlich aus Truthahnfedern zusammengesetzt; jetzt ist es ein Stück Zeug, das von europäischen Händlern eingetauscht ist. Darüber trägt sie ein baumwollenes Hemd.

Das Geschirr, in welchem sie kocht, war vor der Ankunft der Europäer ausschließlich irden gewesen; jetzt giebt es eiserne Töpfe und kupferne Kessel. Die Speise, die sie darin zubereitet, ist Fleisch von Wildpret mit Mais. Das Fleisch wird so mürbe gekocht, daß es in Stücke zerfällt. Wenn der Vorrat an Fleisch erschöpft ist, giebt sie dem Manne einen Wink. Dieser hat bisher auf der Bank gelegen, schlafend oder rauchend, das Urbild der Trägheit. In sein bartloses Gesicht und in die Haut des ganzen Körpers sind wunderliche Figuren eingeätzt. Der Kopf ist kahlgeschoren bis auf einen Haarbusch mitten auf dem Scheitel und zwei Zöpfe, die auf jeder Seite herunterhängen. Haarbusch und Zöpfe sind mit Perlenschnüren oder Messing- und Silberzieraten geschmückt. Ähnliche Geschmeide hängen an den Ohren und an der Nase. Seine Bekleidung besteht aus einer Decke um die Schultern, langen Beinkleidern und Lederschuhen. Jetzt erhebt er sich und geht auf die Jagd. Das Geschoß, dessen er sich bedient, war, ehe die Europäer kamen, Bogen und Pfeile mit scharfen Feuersteinspitzen. Jetzt hat er ein Jagdgewehr. Bewunderungswürdig ist die Behendigkeit und Ausdauer, mit welcher er den Hirsch verfolgt. Meilenweit schleicht er ihm nach, vom frühen Morgen bis zum späten Abend, ohne einen Schuß zu thun. Endlich ist das Wild abgehetzt, es kann nicht mehr weiter und wird die Beute seines Verfolgers. Der Hirsch ist Gegenstand der Jagd im Herbst, im Frühjahr ist es der Bär. Kehrt der Mann mit Beute zurück, so wirft er sie außen vor der Thür der Hütte nieder und tritt schweigend ein. Die Beute gehört der Frau, welche sie hereinholt und ein reichliches Mahl bereitet, jedoch nicht ohne vorher auserlesene Stücke den Nachbarn geschickt zu haben.

Zum Mahle stellen sich Gäste ein. Sie schütteln den Bewohnern der Hütte die Hand und begrüßen ein jedes Glied der Familie mit derjenigen Anrede, welche Geschlecht oder Alter oder Stellung erfordern. Nachdem sie sich gesetzt haben, wiederholen sie die Begrüßungsceremonien in allen ihren Einzelheiten zum zweiten Male. Jeder Gast bekommt jetzt eine hölzerne Schüssel und einen hölzernen Löffel, und aus dem Kessel seinen Anteil an der Speise. Haben die Gäste ihren Hunger gestillt, so reichen sie dieselben Schüsseln und Löffel, die sie selbst soeben gebraucht haben, den Hausbewohnern, und diese genießen, was noch übrig ist. Es kommt aber auch vor, daß es in einem Hause nur einen einzigen Holzlöffel giebt; dann müssen sich alle nacheinander dieses einzigen bedienen. Solch ein Mahl würde nicht die Eßlust eines weißen Mannes gereizt haben. Denn weder die Kessel noch die hölzernen Schüsseln und Löffel werden je gewaschen; die einzige Reinigung, welche ihnen widerfährt, ist die, daß die Hunde sie auslecken. Aber das stört die Indianer nicht. Sie befinden sich wohl und behaglich. Eine Tasche von Fischotter- oder Biberfell, reich besetzt mit Glasperlen, wird hervorgeholt; Tabak wird herausgenommen, die Pfeifen werden gestopft und angezündet, und die Gesellschaft beginnt sich zu unterhalten. Sähest du sie, du würdest erstaunen über die Höflichkeit, die während des ganzen Besuches waltet, und die man in einer solchen Umgebung nicht zu finden erwartet haben würde. Beginnt die Unterhaltung zu stocken, so holt der Wirt ein Paket

Spielkarten hervor, die er von einem europäischen Händler gekauft und brauchen gelernt hat; oder er bringt die Würfel herbei, die aus den Kernen wilder Pflaumen geschnitzt sind. Beides empfängt die Gesellschaft mit stiller Befriedigung. Die Würfel thun sie in eine hölzerne Schüssel, heben diese in die Höhe und schlagen sie dann wieder gegen den Boden. Das thut jeder der Reihe nach, indem er irgend einen Gegenstand von Wert auf den Fall der Würfel einsetzt. Solches Würfelspiel wird zur Leidenschaft und setzt sich oft bis zum Abend fort. Ist der Abend hereingebrochen, so beginnen die Tänze, die bis tief in die Nacht dauern und mit Ausschweifungen enden. Dazu gesellt sich das Laster der Trunksucht, von welchem die Indianer in furchtbarer Weise geknechtet sind, und welches sie weit unter die Tiere herabwürdigt.

Fürwahr, ein solches Bild muß uns mit Wehmut erfüllen. Auf der einen Seite das Elend und die Verkommenheit des Heidentumes, und auf der andern Seite die Laster und schlechten Leidenschaften der Europäer, die sich mit ihrer Bildung brüsten. Wie bedürftig war dies arme Volk des Evangeliums! Und wie sehr war es die Pflicht Europas, das den Indianern seine Laster gebracht hatte, sie nun auch teilnehmen zu lassen an den Segnungen, die es durch das Christentum genießt.

Viertes Kapitel.

Alle Missionsarbeit Zeisbergers, von welcher bisher die Rede gewesen ist, hatte den gegenwärtigen Staat Pennsylvanien zum Schauplatz. In diesem Kapitel begleiten wir Zeisberger auf seine erste Reise gen Westen über die Grenzen Pennsylvaniens hinaus in das Gebiet des heutigen Staates Ohio, und bei der Gründung der ersten Missionsstation auf dem Grund und Boden dieses letztgenannten Staates.

Über den einzelnen Häuptlingen des Delawarenstammes stand ein Oberhäuptling. Der Mann, welcher damals diese Würde bekleidete, hieß Netawatwes, ein geborener Herrscher. Ihn lernte Zeisberger im Jahre 1771 kennen. Sein Wohnsitz, welcher der Hauptort der Delawaren und der Versammlungsplatz ihres großen Rates war, hieß Gekelemukpechünk und lag am Flusse Muskingum in Ohio. Es war ein großer blühender Ort, aus ungefähr hundert Blockhäusern bestehend.

Dorthin kam Zeisberger mit Glikkikan, dem Nationalgehülfen Anton und noch zwei andern Indianern. Zeisberger war der Gast des Netawatwes, dessen geräumige Wohnung mit Schindeldach und Bretterdielen, mit Treppe und gemauertem Kamin einen Vergleich mit den Häusern weißer Ansiedler aushielt. Am 14. März 1771 zu Mittag war dies Haus voll Indianer, die den Lehrer zu hören begehrten, dessen Ruf ihm vorausgeeilt war. Der Zudrang war so groß, daß viele draußen standen. Auch fast ein Dutzend weißer Leute, meist Händler, waren anwesend. Nachdem Netawatwes den Zeisberger in die Versammlung eingeführt hatte, hielt Zeisberger die erste evangelische Predigt im Staate Ohio, und der Häuptling lud ihn darauf hin ein, sich in seinem Gebiete am Flusse Muskingum niederzulassen.

Nach einem Aufenthalt von einigen Tagen kehrte Zeisberger nach Friedensstadt in Pennsylvanien zurück, und im nächsten Jahr 1772 machte er sich mit einigen getauften Indianern nach dem Muskingum auf. Er ward von Netawatwes freundlich aufgenommen und besaß die Stelle, die ihm zur Ansiedelung angewiesen wurde. Das Thal, welches heutzutage im schönsten Schmuck daliegt, mit Landgütern, üppigen Wiesen und prächtigen Gärten, war damals zwar noch eine Wildnis, aber doch nicht minder ein Land des Überflusses, und es fanden sich da alle Erzeugnisse, deren die Indianer bedurften. Es wuchsen da Eichen und Eschen, Ahorn, Kastanien und Nußbäume. Am Ufer des Flusses war ein Dickicht von Akazien und Zedern. Dazwischen wucherte Lorbeergebüsch mit reichem Blumenflor, und der Weinstock mit kräftigen Ranken, deren schlanke Reben sich um die benachbarten Baumäste schlangen. Hie und da ragte die immergrüne Krone einer Tanne hoch über das niedere Gehölz. Der Boden war bedeckt mit Erdbeeren, Brombeeren, Himbeeren, Stachelbeeren, schwarzen Johannisbeeren und Preißelbeeren. Von Obstbäumen fanden sich Pflaumen, Kirschen, Maulbeeren

5*

und Holzäpfel. Im Flusse aber wimmelte es von Fischen der mannigfachsten Art und von ausgezeichneter Schmackhaftigkeit. Der Sommer in dieser Gegend war heiß, besonders im Juli und August, der Winter sehr mild. Der Schnee war selten tief und schmolz bald wieder. Dagegen regnete es den Winter hindurch fast ununterbrochen, und der heiteren Tage gab es in dieser Jahreszeit wenige. Ende März stand das Gras auf den Wiesen bereits in voller Üppigkeit.

Da auch die Bevölkerung in der Umgegend verhältnismäßig zahlreich war, und sich erwarten ließ, daß sich viele Gelegenheit bieten werde, das Evangelium zu predigen, so willigte Zeisberger alsbald ein, hier eine Missionsstation zu gründen, nahm unter Zustimmung der Helden davon Besitz und siedelte sich am 4. Mai 1772 mit fünf christlichen Indianerfamilien, zusammen 28 Personen daselbst an. Während Zeisberger mit dem Bau beschäftigt war, besuchten viele Delawaren den Platz. Er aber war so voll Eifer sie zu unterrichten, daß er häufig seine Art aus der Hand legte, sich auf einen Baumstamm setzte, den er gefällt hatte, und ihnen vom Erlöser der Welt erzählte.

Noch in demselben Jahre wurde in der Nähe eine zweite Niederlassung gegründet. Die Gründer derselben waren diejenigen christlichen Indianer, welche bisher am Susquehanna in Pennsylvanien gewohnt hatten. Sie hatten sich durch das Vordringen der Weißen genötigt gesehen, ihre bisherige blühende Niederlassung aufzugeben und sich weiter in den Westen zurückzuziehen. So wandten sie sich denn am liebsten derjenigen Gegend zu, wo sie ihren geschätzten Lehrer wiederfanden. Die Auswanderung dahin war freilich beschwerlich genug für sie gewesen. Eine Schar von 241 Personen mit allem Hab und Gut, mit ihren Herden und Ackergeräten zog durch die unwegsame Wildnis gen Westen. So entstand ein zweites christliches Dorf. Eine dritte Niederlassung wurde im April 1776 auf dringende Bitten des Rates der Delawaren in derselben Gegend gestiftet, und noch im Jahre 1779 konnte eine vierte angelegt werden.

Hier am Muskingum blühte das Werk des Herrn lieblich auf und das Wort Gottes trug reiche Früchte, so daß Zeisberger selbst späterhin auf diese Zeit als auf die schönste in seinem Leben zurückzublicken pflegte. In seinen wenigen Mußestunden beschäftigte er sich damit, schöne Lieder aus dem Gesangbuch der Brüdergemeine in die Delawarensprache zu übersetzen und Bücher für seine Schulkinder anzufertigen. Am Vormittag war er oft genötigt, um seines Lebensunterhaltes willen auf die Jagd zu gehen, und er verstand sich so gut wie ein Indianer darauf, Hirsche und Bären zu schießen. Wenn er dann nachmittags nach Hause kam, so pflegte er die Arbeiten an den Gebäuden und auf den Pflanzungen in Augenschein zu nehmen, der Jugend Unterricht zu erteilen, Abendgottesdienst zu halten und alles zu besorgen, was sich auf das Wohl seiner Gemeinden bezog. Wenn die Dunkelheit hereingebrochen war, zog er sich in die Einsamkeit seiner Hütte zurück, um seine schriftlichen Arbeiten und indianischen Sprachstudien fortzusetzen.

Unter den Indianern genoß er als langjähriger bewährter Freund das größte Ansehen und Vertrauen. Auch zu seinen ärztlichen Kenntnissen nahmen viele ihre Zuflucht.

Aus der Umgegend kamen die Heiden das Evangelium zu hören. Manchen gefiel es so gut, daß sie baten, bei dem Missionar wohnen zu dürfen. Als treuer Gehülfe Zeisbergers erwies sich jener ehemalige angesehene Häuptling, nunmehrige treue Jünger Jesu, Isaak Glikkikan, von welchem im vorigen Kapitel mehr erzählt war, und welcher jetzt mit hergezogen war an den Muskingum. Einst fragte ihn ein heidnischer Indianer: „Du bist doch auch ein Häuptling gewesen, ehe du gläubig warest, und bist es noch; das kannst du nicht leugnen. Wie reimt sich aber ein Häuptling mit einem Christen?" — Offen antwortete Isaak: „Ja, ehemals war ich ein Häuptling, aber ich mußte immer unterliegen. Die Sünde hat mich allezeit überwunden, und ein rechter Häuptling soll nie unterliegen, sondern immer siegen. Das weißt du wohl. Wenn ich mir auch öfter fest vorgenommen hatte, nicht mehr zu saufen; so konnte ich es doch nicht lassen und mußte des Satans Sklave sein. Aber nun bin ich erst ein rechter Häuptling, denn jetzt kann ich allezeit siegen. Die Sünde kann mich nicht mehr überwinden wie ehedem, denn alle Lustbarkeiten mag ich nicht mehr ansehen. Ich habe kein bißchen Gefallen mehr daran, weil ich etwas Besseres gefunden habe, welches ich auch dir wünsche."

Ein fremder Mohikaner fragte eine christliche Indianerin, ob denn alle Anwesenden die Liebe Gottes, von welcher gepredigt würde, auch fühlten. Sie antwortete: „Das kann ich dir nicht sagen, ob es alle so im Herzen fühlen. Wer aber an den Heiland glaubt und ihn liebt, der hat ein Gefühl davon. Siehe, wenn in jenen Schüsseln dort schöne Speisen wären und viele Leute hier in der

Hütte sich befänden, so würden doch nur diejenigen davon sagen können, wie schön die Speise schmeckt, die davon gegessen haben, die andern aber nicht. So ist es auch mit dem Heilande. Nur diejenigen, welche seine Liebe geschmeckt haben, können davon reden und seine Liebe nicht vergessen."

Das Ansehen, welches die Christengemeinden sich unter den Delawaren erwarben, wurde immer größer. Schon hoffte Zeisberger, das Volk in seiner Gesamtheit für Christentum und europäische Kultur gewinnen zu können. In dieser Hoffnung stärkte ihn besonders der Umstand, daß die Häuptlinge ihren Landsleuten mit gutem Beispiel vorangingen. Einer derselben, Namens Roquethagachton oder Weißauge, ein durch seine Thaten weltyin berühmter Krieger, hatte eine lange Reise, den Ohio und Mississippi abwärts bis New-Orleans gemacht, war von da zur See nach New-York gekommen und über Philadelphia in seine Heimat zurückgekehrt. Diese Reise hatte seinen Gesichtskreis erweitert. Der Segen der Civilisation und der Gegensatz zwischen dem Zustand der Europäer und dem seiner Landsleute hatte einen tiefen Eindruck auf sein Gemüt gemacht. So war er zu dem Entschluß gekommen, alles aufzubieten, um die Indianer aus ihrer Barbarei zu erlösen und sie auf die gleiche Stufe mit den weißen Leuten zu heben. Daß die Missionare die nützlichsten Gehülfen zur Ausführung dieses Vorhabens sein würden, begriff er schnell. Er kam Zeisberger freundlich entgegen, und bald bewies das Evangelium, welches der Missionar verkündete, seine Kraft an dem Herzen des Häuptlings. Er gewann das Evangelium lieb und schützte die Missionare gegen alle

Anschläge der Helden. Vor einer großen Ratsversammlung der Delawaren erklärte er: Wir werden nie glücklich werden, wenn wir nicht Christen werden.

Ein zweiter Häuptling, Namens Johnny, zog auf eine der Missionsstationen. Seine Frau war das Kind weißer Eltern. Auf einem Raubzug hatte er vor 19 Jahren sie entführt, sorgfältig erzogen und dann zu seiner Gattin gemacht. Ihre alte Heimat hatte die Frau längst vergessen, und ihre Ehe war so glücklich, als es ohne den Glauben an Christum möglich ist. Da besuchte sie am Morgen die Andacht der Christen. Unter dem Gesang der christlichen Lieder wachten alte Jugenderinnerungen wieder auf, ein Thränenstrom brach aus ihren Augen, und sie rief aus: „O wie froh bin ich, daß ich nun hier bin und nach 19 Jahren wieder zum erstenmal das Wort Gottes gehört habe. Ich habe schon oft verlangt zu Euch zu kommen und bei Euch zu wohnen, und nun hat Gott mir mein Verlangen gewährt." Kurze Zeit darauf befand diese Frau mit ihrem Manne, dem Häuptling Johnny sich unter der Zahl der Gläubigen.

Der einflußreichste Freund der Brüder aber wurde und blieb bis an sein Ende der Oberhäuptling Netawatwes. Er sagte einmal: „Ich bin schon ein alter Mann und weiß nicht, wie lange ich noch in dieser Welt leben werde. Darum bin ich froh, daß ich das Evangelium noch habe aufnehmen können, damit es unsere Kinder und Nachkommen zu genießen haben. Und nun kann ich aus der Zeit gehen, wenn es Gott gefällt." Ein Enkel von ihm wurde am 28. Juli 1776 getauft. Das war ein vortrefflicher junger Mann, welcher mit Freuden zeugte von ohen Ratsversammlung eben nie glücklich werden.

ens Johnny, zog auf Frau war das Kind ;ug hatte er vor 19 :n und dann zu seiner hatte die Frau längst tlich, als es ohne den Da besuchte sie am Unter dem Gesang der uberinnerungen wieder ihren Augen, und sie ich nun hier bin und nal das Wort Gottes verlangt zu Euch zu und nun hat Gott mir Zeit daranf befand m Häuptling Johnny

Bruder aber wurde und jäuptling Netawatwes. ein alter Mann und efer Welt leben werde. Evangelium noch habe re Kinder und Nachtun kann ich aus der Ein Enkel von ihm Das war ein bor- it Freuden zeugte von

dem, was er glaubte. Als ein Heide ihm den Rat gab, seine Erfahrungen für sich zu behalten, um nicht sein Leben in Gefahr zu bringen, gab er die schöne Antwort: „So will ich desto getrofter davon reden. Denkst du, daß wir uns vor der Zauberei der Heiden noch fürchten und darum unsern Mund zuhalten und das verschweigen sollen, was der Heiland für uns und alle Menschen, auch für die Indianer, gethan und gelitten, und wie er sein Blut für alle vergossen hat? Das sei ferne! Wir wollen gern allen Indianern sagen, wie sie zum Heiland kommen und selig werden können, und davon nicht schweigen, so lange wir leben, denn das ist Gottes Wille." Auf den alten Netawatwes machte die Taufe seines Enkels einen tiefen Eindruck, und ernstlicher als früher fing er an, auf das Heil seiner eigenen Seele zu denken. Selten fehlte er bei dem Gottesdienst, und oft saß er bis tief in die Nacht mit Zeisberger am verglimmenden Kohlenfeuer und ließ sich von der Gnade Gottes in Christo erzählen.

Schon überstieg die Zahl der Christen 400. Die Missionsstationen wurden berühmt im ganzen Westen, sogar bis in die entlegenen Gegenden des Nordwestens. Zeugen dessen waren Händler, die die Stationen besuchten. Sie hatten überall in den Urwäldern soviel von dem blühenden Zustand derselben gehört, daß sie einen weiten Umweg machten, um ihre Neugier durch eigenen Augenschein zu befriedigen.

Und in der That: diese Niederlassungen am Muskingum waren ihres Ruhmes nicht unwürdig. Dort gelangte dasjenige Bild von der Wohlfahrt der Eingebornen, welches Zeisberger vorschwebte, am vollkommensten zur Verwirklichung.

Die Missionsstationen waren nicht allein insofern merkwürdig, als es Ortschaften waren, die mit überraschender Regelmäßigkeit und Sauberkeit angelegt waren, sondern auch insofern, als sie ganz unabhängig von der Kolonialregierung eine vollkommene bürgerliche Ordnung aufzuweisen hatten. In jeder Station bestand ein Ältestenrat, welcher aus den Missionaren und aus den Nationalgehülfen zusammengesetzt war. In diesem Rate war geziemenderweise und selbstverständlich der Einfluß der weißen Lehrer immer der überwiegende. Aber zugleich war die Gemeinde der Eingeborenen vertreten, und dadurch ward die Freiheit, die der Indianer so hoch schätzt, mit denjenigen Schranken ausgesöhnt, die zum gemeinen Besten gezogen werden mußten. Bei außerordentlichen Gelegenheiten, wie Übersiedelung in andre Gegenden, wurde die Entscheidung unwiderruflich der Abstimmung der ganzen Gemeinde anheimgestellt.

In den Statuten, welche die Gemeinden der bekehrten Indianer sich gegeben hatten, befanden sich folgende Punkte: Niemand darf bei uns wohnen, ehe unsere Lehrer ihre Zustimmung gegeben und die Nationalgehülfen sie geprüft haben. — Wir lassen keinen Rum noch irgendwelche andre berauschende Getränke in unsern Niederlassungen zu. Wenn Fremde oder Händler berauschende Getränke mitbringen, so sollen die Nationalgehülfen sie ihnen abnehmen und den Eigentümern erst wieder zustellen, wenn sie abreisen. — Niemand darf bei Händlern Schulden machen oder für Händler Waren zum Verkauf in Kommission übernehmen, es sei denn, daß die Nationalgehülfen ihre Zustimmung geben. — Wenn die Gemeindeältesten eine Zeit festsetzen,

alleln infofern merk-
le mit überrafchender
legt waren, fondern
ig von der Kolonial-
che Ordnung aufzu-
tand ein Älteftenrat,
den Nationalgehülfen
te war geziernender-
aß der weißen Lehrer
ich war die Gemeinde
durch ward die Frei-
Zpl, mit denjenigen
einen Beften gezogen
in Gelegenheiten, wie
urde die Ent..'-dung
r ganzen Gemeinde

meinden der bekehrten
i ſich folgende Punkte:
je unſere Lehrer ihre
algehülfen ſie geprüft
och irgendwelche andre
rlaſſungen zu. Wenn
Getränke mitbringen,
en abnehmen und den
venn ſie abreiſen. —
ven machen oder für
mmiſſion übernehmen,
fen ihre Zuſtimmung
n eine Zeit feſtſezen,

zum Bau von Zäunen oder zur Ausführung anderer
gemeinnütziger Arbeiten, ſo wollen wir behüflich ſein und
thun wie wir angewieſen werden. — Wir wollen nicht in
den Krieg ziehen und nichts von Kriegern kaufen, was
dieſelben geraubt haben.

Das ſind einige von den bürgerlichen Ordnungen,
die in den Chriſtengemeinden galten.

Unter dem Geſichtspunkt der Kultur iſt der merk-
würdigſte Charakterzug dieſer Miſſionsſtationen der, daß
ſie Ackerbaukolonien waren und keine Jägerhütten. Die
Jagd wurde keineswegs vernachläſſigt, aber ſie ſpielte eine
untergeordnete Rolle. Ackerbau, Viehzucht und Geflügel-
zucht bildete die Hauptbeſchäftigung der chriſtlichen Indianer.
Ihre Felder erſtreckten ſich über Hunderte von Morgen auf
dem fetten Boden des Thales. Zahlreiche Viehherden,
als der Weſten ſie bis dahin je geſehen hatte, weideten
auf den Wieſen. Nur wenige Höfe weißer Anſiedler hatten
eine reichere Auswahl von Geflügel. Urteilsfähige und
angeſehene Männer, die aus den europäiſchen Kolonien
kamen, gerieten in Erſtaunen, wenn ſie hier Indianer
ſahen, die civiliſiert waren, chriſtliche Sitten angenommen
hatten und wohlhabend wurden. Oberſt George Morgan
ſagt in einem Berichte: „Die Fortſchritte der Indianer
verraten ihren Gewerbsfleiß; und daß ſie zu ihrer Fröm-
migkeit auch Sauberkeit und Ordnungsliebe geſellen, giebt
ihnen den Anſpruch auf einen Platz unter den Kultur-
völkern. Mir iſt es jetzt ausgemacht, daß die Indianer,
wenn ſie unter ſich und ungeſtört von den Weißen leben,
leicht kultiviert und gute Bürger der Vereinigten Staaten
werden können. Ich betrachte den Weg, der von Zeit-

berger eingeschlagen ist, als den sichersten, vielleicht den einzigen zum Ziele führenden Weg, wenn es gilt, die Eingebornen von Heidenthum, Ausschweifungen und Trägheit zu heilen."

So lieblich blühte das Werk des Herrn unter den Delawaren am Muskingum im Staate Ohio, und schon hoffte Zeisberger hier den Rest seiner Tage im Dienste des Herrn verleben zu dürfen, als die Unruhen des amerikanischen Freiheitskrieges auch in diese Gegend drangen. Engländer einerseits und Amerikaner andrerseits suchten jeder die Indianer für sich zu gewinnen. Schon hörte man, daß die sechs Nationen der Irokesen sich in den Krieg hätten verwickeln lassen. Aber die Missionare und von ihnen bewogen die Häuptlinge der Delawaren boten alles auf, um nicht nur ihren eigenen Stamm neutral zu erhalten, sondern auch die übrigen Indianerstämme vor dem Krieg zu warnen und den Frieden zu bewahren. Diese Bemühungen waren nur bei den Delawaren selbst mit Erfolg gekrönt, bei den übrigen Indianern dagegen leider vergeblich, und die christlichen Delawaren verdarben es mit beiden Parteien.

Große Trübsale waren im Begriff über die blühende Mission hereinzubrechen. Und eben jetzt, im Jahre 1777, wurde ihr die beste irdische Stütze, der edle Oberhäuptling Netawatwes durch den Tod entrissen. Vor seinem Ende versammelte er alle Häuptlinge um sein Lager und sprach ihnen in den herzlichsten Worten den Wunsch aus, daß alle Delawaren Christen werden und das von den Missionaren verkündete Wort annehmen möchten. Nachdem sie ihm tief bewegt versprochen hatten, alle ihre Kräfte dafür aufzubieten, rief der Sterbende seinen Freund Zeisberger, der ihm noch etwas von der Liebe des Heilandes erzählen mußte, und unter seinem thränenvollen Gebet schloß der Greis im Frieden Gottes seine Augen. Schweigend umstanden die Indianer den geliebten Toten. Da trat der Häuptling Welhauge hervor, eine Bibel in der Hand und Thränen in den Augen, und redete sie also an: „Meine Freunde, ihr habt jetzt den letzten Willen unseres erblaßten Vaters vernommen. Laßt uns ihn befolgen; laßt es uns unseren Jünglingen und unsern Kindern sagen, und davon reden, wenn wir im Walde jagen oder uns vom Feinde ins Gesicht schauen lassen. Wir wollen niederknien vor dem Gotte, der uns geschaffen hat, und ihn bitten, daß er uns gnädig sein und uns seinen Willen offenbaren wolle. Und da wir denen, die noch nicht geboren sind, das heilige Bündnis nicht verkündigen können, das wir bei dieser Leiche geschworen haben, so wollen wir zu dem Herrn, unserm Gott, beten, daß er es unsern Kindern und Kindeskindern bekannt machen möge."

Am folgenden Tage wandelte Zeisberger in der Mitte des Leichenzuges und unter den vordersten Häuptlingen, in seine Delawarentracht eingehüllt. Er unterschied sich nur dadurch von jenen, daß er bitterlich am Grabe weinte. Bei den Indianern darf ein Mann nicht öffentlich weinen.

Mit dem Tode des Netawatwes brach eine Stunde mitternächtlicher Finsternis über das Missionswerk herein. Den Agenten der Engländer war es gelungen, die nördlichen Indianer, namentlich die Huronen für sich und gegen die Vereinigten Staaten zu gewinnen. Sie boten jetzt alles auf, auch die Delawaren auf Seiten der Engländer zu ziehen. Hier aber waren die Missionare die eifrigsten Vertreter der Neutralität. Daß diese Neutralität der Delawaren von höchstem Wert für die Vereinigten Staaten war, welche soeben ihre Unabhängigkeit erkämpften, ist von seiten der letzteren später anerkannt worden. General Richard Butler hat sich folgendermaßen geäußert: „Hätten sich die Häuptlinge der Delawaren und die christlichen Indianer anders verhalten als sie thaten; hätten sie sich dem Feinde angeschlossen und zum Kriegsbeil gegriffen: es würde den Vereinigten Staaten viel Blut und Geld gekostet haben, ihnen zu widerstehen und Einhalt zu thun. Dazu hätte es unsre ohnehin schwachen Streitkräfte an der Seeküste geschwächt, da man einen Teil derselben in den Westen hätte werfen müssen, und das hätte für die ganze Sache verhängnisvoll werden können." Zeisberger war es, der seine Hand ausstreckte und im Namen der Humanität und des Christentumes die Horden der Wilden zurückhielt.

Auf diese Weise ist die Indianermission der Brüdergemeine von seiten der Vereinigten Staaten anerkannt worden. Die Engländer dagegen erblickten um so mehr in den Missionaren ihre Feinde und machten allerhand Anschläge, Zeisberger und seine Mitarbeiter in ihre Gewalt zu bekommen. Ja, es verbreitete sich das Gerücht, daß sie gehängt oder ermordet werden sollten. Bedenklich wurde die Lage erst, als es den Agenten der Engländer gelang, einen der drei Zweige der Delawaren, die Monseys, oder Wölfe, und den Häuptling Pipe auf ihre Seite zu ziehen. Der Stamm der Delawaren zerfiel nämlich in drei Zweige: der eine hieß Unami oder Schildkröte; der zweite Unalachtgo oder Truthahn; der dritte Monsey oder Wolf.

Die Christen freilich hielten treu bei ihren Lehrern aus. Ein schönes Zeugnis dafür legte ein Häuptling ab, der sich trotz alles Widerstandes seiner Angehörigen auf einer der Missionsstationen niedergelassen hatte und vor seiner Taufe in einer Ratsversammlung der Delawaren folgendermaßen sprach: „Liebe Brüder und Freunde! Weil wir jetzt lauter fürchterliche Nachrichten von allen Orten her hören, so lasset uns desto angelegentlicher zum Heiland beten, daß er uns durch diese gefährlichen Zeiten hindurchhelfe, denn jetzt haben wir es am allernötigsten. Ich darf mich wohl noch nicht unter die Gläubigen rechnen; ich kann euch aber doch von ganzem Herzen versichern, daß ich bei diesem Volke Gottes leben und sterben will. Wo die Brüder bleiben, da will ich auch bleiben. Wie es ihnen geht, so soll es mir auch gehen. Ich werde es für eine große Gnade schätzen, bei ihnen mein Leben beschließen zu dürfen."

Nicht minder treu als die Herde zu ihren Hirten hielt, hielten auch die Hirten zu ihrer Herde. Zeisberger schreibt: „Mein Herz erlaubt mir nicht an das Wegziehen auch nur zu denken. Wo die Indianerchristen bleiben, da bleibe ich auch. Es ist mir unmöglich, sie zu verlassen. Wollten wir gehen, so wären sie ohne Hirten und würden sich zerstreuen. Unsre Anwesenheit stützt das Ansehen der Nationalgehülfen, und der Herr stützt unser Ansehen. Er wird in unserm Bleiben hier keine Tollkühnheit sehen. Ich will nicht am unrechten Orte den Helden spielen, ich bin vielmehr von Natur so furchtsam wie eine Taube.

Meine Zuversicht steht allein zu Gott. Er hat mich aber nie zu schanden werden lassen, sondern mir immer so viel Mut und Trost gegeben, als ich brauchte. Ich bin in der Erfüllung meiner Pflicht begriffen, und wenn ich ermordet werden sollte, so wird das nicht mein Schade, sondern mein Gewinn sein. Denn dann wird der Fisch in seinem Element sein."

Im Jahre 1778 rückte der Kriegsschauplatz immer näher. Wilde Scharen durchstreiften die Umgegend, und oft mußten die Christen die Skalpe der Erschlagenen durch ihre Dörfer tragen sehen. Brandschatzungen kamen immer häufiger vor. Das Leben der Christen und insonderheit Zeisbergers wurde immer mehr gefährdet. Manche wunderbare Lebensrettung widerfuhr ihm. Einmal war Zeisberger eben im Begriff nach seinem Wohnort zurückzukehren von einer der anderen Stationen, die er besucht hatte, als ein Freund ihm verriet, daß ein feindseliger Weißer, der in englischem Dienste stand, sich an die Spitze einiger Indianer gestellt habe und ihm unterwegs auflauere, in der Absicht, ihn entweder lebendig den Engländern auszuliefern oder niederzuschießen und seinen Skalp zu nehmen. Die Warnung hatte nur allzuguten Grund, Zeisberger aber beachtete sie nicht und stieg zu Pferde. Man wollte ihn halten, Zeisberger aber sagte: "Mein Leben steht in Gottes Hand. Wie oft hat nicht Satan mich töten wollen, aber er durfte nicht. Ich werde reiten." Als man sah, daß er sich nicht halten ließ, überredete man ihn, eine Bedeckung von Indianern mitzunehmen. Darein willigte er. Aber die Pferde waren nicht augenblicklich zur Hand, und da ritt er allein ab, indem er zurückrief: "Ich werde

t. Er hat mich aber n mir immer so viel rauchte. Ich bin in n, und wenn ich er nicht mein Schade, dann wird der Fisch

riegsschauplatz immer die Umgegend, und er Erschlagenen durch bungen kamen immer ten und insonderheit bet. Manche wunder-

Einmal war Zeisbohnort zurückzukehren wie er besucht hatte, ı feindseliger Weißer, an die Spitze einiger erwegs auflauert, in den Engländern ausren Stalp zu nehmen. ı Grund, Zeisberger Pferde. Man wollte „Mein Leben steht in tan mich töten wollen, lten." Als man sah, redete man ihn, eine nen. Darein willigte genblicklich zur Hand, zurückrief: „Ich werde mir Zeit nehmen; schick mir die Brüder nach! Lebt wohl."

Unterwegs teilte sich der Pfad. Auf der einen Seite gelangte man nach Zeisbergers Wohnort, auf der anderen Seite an einen Salzleckplatz für das Vieh. In Gedanken verloren lenkte Zeisberger sein Pferd auf den verkehrten Weg und bemerkte sein Versehen erst, nachdem er auf dem falschen Wege ein beträchtliches Stück zurückgelegt hatte. Er kehrte um und kam an die Wegscheide gerade als seine Begleitung dort anlangte. Hätte er nicht den Weg verfehlt, so würden sie ihn nicht eingeholt haben, und er würde seinen Feinden in die Hände gefallen sein. Denn plötzlich am Fuße eines Abhanges standen der Weiße und seine Bande vor ihnen. „Das ist der Mann," schrie der Weiße dem Anführer seiner Indianer zu, und wies auf Zeisberger, „nun thut, was ihr thun sollt." Aber in demselben Augenblick sprangen die Indianer von der Begleitung Zeisbergers vor denselben, erhoben ihre Tomahawks und begannen ihre Flinten anzulegen. Als der feindliche Anführer das sah und überdies unter Zeisbergers Gefolge den gefürchteten Glikkikan gewahrte, schüttelte er den Kopf, winkte seinen Leuten und verschwand mit ihnen im Dickicht. Der Weiße folgte ihm, in ohnmächtiger Wut die Zähne knirschend.

Bald darauf geriet Zeisberger wieder in die größte Gefahr. Ein Indianer, der für einen verbissenen Feind des Evangeliums galt, kam in das Dorf und begehrte mit Zeisberger zu sprechen. Die üblichen gegenseitigen Begrüßungsceremonien hatten stattgefunden, als der Indianer plötzlich seinen Tomahawk unter seiner Decke hervorzog und mit blitzenden Augen schrie: „Jetzt sollst du deine Väter sehen!" Er erhob die Waffe und war im Begriff, den tödlichen Schlag zu führen, als ein Belehrter, der Verdacht hegte und sich dicht in der Nähe gehalten hatte, sich dazwischen warf und ihm die Waffe aus der Hand r...g. Zeisberger verlor nicht seine Geistesgegenwart und redete zum Indianer mit so ernster Freundlichkeit, daß der Mann seine Sünde bereute, sich der Mission anschloß und im Laufe der Zeit getauft wurde. Er blieb ein würdiges Mitglied der Gemeinde und widerstand der Versuchung zum Rückfall in das Heidentum auch da, als er von seinem Lehrer getrennt wurde.

Der endliche Untergang der Mission wurde auf folgende Weise herbeigeführt. Die englischen Agenten richteten schriftlich den ausdrücklichen Befehl an die Christengemeinden, daß die Missionare mit ihren getauften Indianern gegen die Amerikaner in den Krieg ziehen und die Skalpe der Amerikaner an die Engländer ausliefern sollten. Entrüstet warf Zeisberger ihr Schreiben ins Feuer. Nun sandten die englischen Agenten an die sechs Nationen der Irokesen die Botschaft: „Wir schenken euch die christlichen Indianer am Mu`kingum. Macht ihnen den Garaus." Aber die Irokesen hatten keine Lust, dies Geschäft zu übernehmen und sandten die Botschaft an die Tschippewas und Otiawas, welche in Canada wohnten. Auch diese lehnten es ab. Endlich übernahmen die Huronen das Werk der Zerstörung der Mission, jedoch wollten sie das Leben der christlichen Indianer schonen. Der Feldzugsplan wurde mit Hülfe englischer Offiziere und unter dem Schatten der englischen Flagge entworfen. Die christlichen Indianer sollten aus ihren Dörfern vertrieben und die Missionare

Waffe und war im
…en, als ein Belehrter,
in der Nähe gehalten
m die Waffe aus der
seine Geistesgegenwart
ernster Freundlichkeit,
, sich der Mission an-
ust wurde. Er blieb
… und widerstand der
eidentum auch da, als
…e.
Mission wurde auf fol-
llschen Agenten richteten
 die Christengemeinden,
asten Indianern gegen
n und die Stalpe der
esern sollten. Entrüstet
 Feuer. Nun sandten
Nationen der Irokesen
die christlichen Indianer
a Garans.* Aber die
beschäft zu übernehmen
Tschippewas und Otta-
 Auch diese lehnten es
ironen das Werk der
llten sie das Leben der
e Feldzugsplan wurde
unter dem Schatten der
e christlichen Indianer
en und die Missionare

gefangen genommen werden. Letztere sollte man entweder nach dem englischen Hauptquartier an der Grenze von Canada schleppen, oder, wenn das unthunlich sei, sie töten und ihre Stalpe überbringen. Unter den Delawaren selbst fanden sie einen Helfershelfer an dem Häuptling Pipe und seinem Anhang.

Damals bestanden noch drei Missionsstationen am Muskingum. Sie hießen Schönbrunn, Gnadenhütten und Salem. In Schönbrunn wohnte Zeisberger und Missioner Jungmann, in Gnadenhütten Sensemann und William Edwards, in Salem Michael Jung und Heckewelder. Sie predigten eifrig das Evangelium, spendeten die Sakramente, erteilten den Kindern Unterricht und trösteten die Alten und Kranken. Die Frauen der Missionare gingen zu den Weibern und leiteten sie an, christliche Mütter und Gattinnen zu sein.

In den ersten Tagen des August 1781 kam das Gerücht von der drohenden Gefahr. Am 9. trafen zwei Eilboten von Pomoakan, dem König der Huronen in Salem ein, und kündigten an, daß er und seine Krieger kämen nun zu reden mit ihrem Vater Zeisberger und mit ihren Vettern, den christlichen Indianern, und um anzufragen, in welchem der Dörfer sie Unterkommen finden könnten. Zeisberger bestimmte Gnadenhütten zum Ort des Zusammentreffens. Am 10. August nachmittags 4 Uhr erreichte die erste Abteilung der Feinde Salem und trat mit allem kriegerischen Pomp auf. Die meisten waren zu Pferde. Zu vorderst ritt der König der Huronen und seine Leute, dann der Häuptling Pipe mit seinem Anhang aus den Monseys, endlich der englische Agent Elliot mit einer englischen Fahne

6*

und mehreren englischen Begleitern. Der ganze Trupp zählte 140 Mann. Sie lagerten sich bei Salem und wurden freundlich bewirtet. Der Huronenkönig, der Häuptling Pipe und Elliot machten ihren Besuch im Missionshaus, und Heckewelder empfing sie da in Gegenwart der Nationalgehülfen. Diese erste Zusammenkunft trug einen äußerst friedlichen Charakter. Mit einer höflichen Unverschämtheit, deren nur die erzbetrügerischen Indianer fähig waren, redete der Huronenkönig Heckewelder an: „Vater, ich danke dem großen Gott im Himmel, daß er uns beide bis auf diesen Tag am Leben erhalten und uns vergönnt hat uns wiederzusehen. Vater, ich freue mich bei dir zu sein und bitte dich, meine Pfeife zu stopfen." Dann wandte er sich an die Nationalgehülfen und begrüßte sie mit allen Redensarten, die bei freundschaftlichen Besuchen üblich sind. Er ließ nicht den leisesten Wink fallen, daß es böse Absichten seien, die ihn hergeführt hätten. Auch der englische Agent Elliot spielte den Heuchler. Seine Worte waren sanft und freundlich. Aber sobald die Nacht anbrach, verriet einer aus Elliots Gefolge dem Missionar Heckewelder, daß Elliot eigentlich der Anführer dieser Leute sei und fuhr fort: „Er will euch Missionare und alle eure Indianer aus euren Dörfern vertreiben. Zuerst wollte man euch töten, aber jetzt gedenkt man milder aufzutreten. Folgt ihren Befehlen; es giebt keinen anderen Ausweg. Das ist meine treugemeinte Warnung." Unter dem Schutz der Nacht sandte Heckewelder aus Salem einen Eilboten an Zeisberger nach Schönbrunn mit dieser niederschmetternden Nachricht.

In den nächsten Tagen kam der Haufe der Feinde

Der ganze Trupp
bei Salem und wurden
g. der Häuptling Pipe
n Missionshaus, und
:nwart der National-
st trug einen äußerst
lichen Unverschämtheit,
idianer fähig waren,
an: „Vater, ich danke
er uns beide bis auf
ins vergönnt hat uns
ʒ bei dir zu sein und
Dann wandte er sich
: sie mit allen Redens-
ichen üblich sind. Er
daß es böse Absichten
ch der englische Agent
Worte waren sanft
acht anbrach, verriet
onar Heckewelder, daß
e Leute sei und fuhr
d alle eure Indianer
erst wollte man euch
r aufzutreten. Folgt
ren Ausweg. Das ist
nter dem Schutz der
m einen Eilboten an
er niederschmetternden

er Haufe der Feinde

auch nach Gnadenhütten und dort stießen noch mehr Leute dazu, so daß am 17. August bereits 300 Krieger zur Stelle waren. In der Mitte des Lagers stand Elliots Zelt mit der englischen Flagge.

Am 20. August rief der Huronenkönig eine allgemeine Ratsversammlung zusammen und sprach folgendermaßen: „Meine Vettern, ihr christlichen Indianer in Gnadenhütten, Schönbrunn und Salem! Ich bin sehr besorgt um Euch. Ihr lebt an einem gefährlichen Platz. Zwei mächtige und zornige Götter stehen einander gegenüber und haben ihre Rachen aufgesperrt. Ihr aber sitzt zwischen ihnen und werdet von dem einen oder von dem andern umgebracht werden, vielleicht von beiden, und werdet unter ihren Zähnen zermalmt werden. Ihr dürft nicht länger hier bleiben. Denkt an Eure Kinder, denkt an Eure Weiber! Rettet ihnen das Leben! Hier werden sie alle zu Grunde gehen, darum nehme ich Euch bei der Hand, hebe Euch auf und setze Euch nieder, wo ich wohne. Dort werdet Ihr sicher sein und könnt in Frieden leben. Denkt nicht an Eure Häuser, an Eure Äcker und an Euer Vieh. Steht auf und kommt mit mir. Ihr könnt Eure Lehrer mitnehmen. Haltet Eure Gottesdienste wie Ihr pflegt. Ihr werdet in meinem Lande Überfluß an Lebensmitteln finden, und Euer englischer Vater jenseits des Erlesees wird für Euch sorgen. Euch das zu sagen bin ich gekommen." So sprach der Huronenkönig.

Am nächsten Tage gaben die Nationalgehülfen folgende Antwort: „Onkel, und ihr Häuptlinge der Delawaren und Monseys, die Ihr unsere Freunde seid und eine Nation mit uns, und Ihr alle, die Ihr hier versammelt seid! Wir haben Eure Worte gehört, daß wir an einem gefährlichen Orte leben, daß wir an unsere Weiber und Kinder denken sollen, daß wir sie an einen sicheren Zufluchtsort bringen, aufstehen und mit Euch gehen sollen, ehe Unheil uns trifft. Wir haben Eure Worte gehört und verstanden. Aber wir sehen nicht die Gefahr, von der Ihr sprecht. Wir glauben nicht, daß wir hier nicht bleiben können. Wir haben Friede mit allen Menschen. Wir haben mit dem Kriege nichts zu schaffen. Wir feinden niemand an, und alles, was wir wünschen, ist, daß niemand uns anfeindet. Ihr seht selbst, daß wir nicht mit Euch gehen können. Wir sind schwer und müssen uns Zeit nehmen. Aber wir versprechen, Eure Worte in Erwägung zu ziehen. Und im nächsten Winter, wenn wir unsere Felder werden abgeerntet haben, wollen wir Euch antworten. Darauf könnt Ihr Euch verlassen."

Der Huronenkönig und die Mehrzahl der Häuptlinge nahmen diese Rede sehr beifällig auf, aber Elliot war nicht zufrieden. Er überredete die Feinde, auf einem augenblicklichen Aufbruche zu bestehen. Am 25. August hielt der Huronenkönig eine zweite Berathung mit den Nationalgehülfen von Gnadenhütten und sagte ihnen, daß er mit der Verzögerung des Aufbruches nicht einverstanden sein könne. Die christlichen Indianer müßten die Missionsstationen jetzt verlassen. Darauf setzte Zeisberger auseinander, die Leute könnten nicht ihre Ernte und Haus und Hof im Stich lassen. Es würde unrecht sein, ihre Weiber und Kinder der Gefahr des Hungertodes auszusetzen. Sie müßten wenigstens Frist bekommen, ihre Feldfrüchte einzuernten. Der Huronenkönig möge Erbarmen haben und bedenken, in welchen Jammer er sie stürze.

Hierauf folgten mehrere Tage großer Angst für die Missionare. Es war eine unerträgliche Last, 300 Krieger zu bewirten, die einen üblen Einfluß auf die Gemeinden ausübten. Schon begannen Mitglieder der Gemeinden geneigt zu werden, den Feinden zu folgen. Die Wilden erfüllten die friedlichen Dörfer mit ihrem Kriegsgeheul, sie tanzten und sangen, schossen das Vieh nieder und ließen die Leichname in den Gassen verwesen und die Luft verpesten.

Spät in der Nacht vor Sonnabend den 3. September kam ein Nationalgehülfe zu Zeisberger und den bei ihm versammelten Missionaren und flehte sie an, nach Pittsburg zu fliehen. „Ein Krieger," sagte er, „einer meiner Bekannten, welcher im Rate des Huronenkönigs gewesen ist, versichert mich, daß die Mehrzahl geneigt ist, Euch zu töten. Teure Brüder, es ist gewiß, daß ihr morgen entweder getötet oder gefangen genommen werdet." Aber die Missionare lehnten ab. Sie wollten unter keiner Bedingung die Mission verlassen; ihr Leben stehe in Gottes Hand.

So brach der verhängnisvolle 3. September an, welcher für das blühende Werk des Herrn am Muskingum einen jähen Untergang bringen sollte. Das nächste Kapitel wird davon erzählen.

Fünftes Kapitel.

Das vorige Kapitel erzählte von der blühenden Mission der Brüdergemeine unter den Indianern Nordamerikas im Staate Ohio, am Flusse Muskingum. Es wurde zum Schlusse berichtet, wie diese Mission im amerikanischen Befreiungskriege ihrem Untergange entgegen ging. Die Engländer hatten gewollt, daß auch die christlichen Indianer gegen die Vereinigten Staaten in den Krieg ziehen sollten. Die Missionare aber hatten alles aufgeboten, um die christlichen Indianer abzuhalten von einer Einmischung in den Kampf. Da hatten die Engländer beschlossen, die Mission zu zerstören. Ein englischer Agent, Namens Elliot war mit 300 Kriegern vom Stamme der Huronen und dem Könige derselben in diejenigen Dörfer gekommen, wo die Missionare mit den christlichen Indianern wohnten. Anfangs hatten sie sich freundlich gestellt, endlich aber sollte ihre feindselige Gesinnung an den Tag kommen. Der 3. September 1781 war der verhängnisvolle Tag, welcher der Mission den Untergang brachte.

Auf allen Missionsstationen wurde täglich um 8 Uhr morgens ein Gottesdienst gehalten; auch an diesem Morgen hielt ihn Zeisberger. Zur bestimmten Stunde ließ er die Glocke der Kirche läuten. Ihre hellen Töne hallten durch das Dorf und durch das feindliche Lager. Die Christen es.

er blühenden Mission
en Nordamerikas im
m. Es wurde zum
n amerikanischen Be-
zen ging. Die Eng-
christlichen Indianer
Krieg ziehen sollten.
aufgeboten, um die
iner Einmischung in
der beschlossen, die
gen. Namens Elliot
e der Huronen und
örfer gekommen, wo
Indianern wohnten.
t, endlich aber sollte
Tag kommen. Der
tisvolle Tag, welcher

e täglich um 8 Uhr
h an diesem Morgen
Stunde ließ er die
Töne hallten durch
ager. Die Christen

hörten sie und strömten in das Gotteshaus; die feindlichen Krieger hörten sie auch, und viele lenkten aus Neugier ihre Schritte eben dahin. Als Zeisberger in die Kirche trat, fand er sie überfüllt, die Thüren weit geöffnet, und noch vor denselben ein Gedränge. Die Nationalgehülfen saßen in großer Angst, die Gemeinde mit traurigen Mienen; die feindlichen Krieger blickten ernst, wie wenn sie sich zum Rat versammelten. Tiefe Stille herrschte unter der Menge. Zeisberger stimmte ein Lied an in der Delawarensprache. Das stärkte die Zuversicht der Gemeinde, und es erscholl ein so gewaltiger Gesang, als er nie zuvor in diesen Mauern war gehört worden. Dann predigte Zeisberger über die Losung des Tages: Jes. 64, 5. Dieselbe lautete: „Siehe du zürnest, denn wir haben gesündigt. Uns ward aber doch geholfen." Am Schluß seiner Rede sagte er: „Sollten wir, die wir aus der Finsternis an das Licht gebracht sind, die wir die Güte des Herrn geschmeckt haben, die wir so oft seine schützende Hand über uns gesehen haben, die wir so manchen Drohungen der Kinder der Finsternis und so manchen Stürmen getrotzt haben, die wir in unserer Hoffnung nie getäuscht worden sind: sollten wir das vergessen? Haben wir nicht schon oft ähnliche Drohungen gehört? Sagte man uns nicht wieder und wieder, was man uns thun würde, wenn wir nicht unsere Stationen verließen und zu den Heiden zurückkehrten? Und gehorchten wir? Oder hatten wir zu leiden, weil wir nicht gehorchten? Nein. Und warum nicht? Weil wir unsere Zuversicht auf den Herrn setzen. Wollen wir da nicht fortfahren in demselben Glauben, und auch ferner unsere Zuversicht auf ihn setzen, in der Gewißheit, daß er uns allezeit schützen kann und will. Sind wir in unserm Glauben schwächer geworden anstatt stärker? Sollen die Heiden über uns spotten und lachen? Sollen sie sagen: diese Leute geben vor zu glauben und glauben doch nicht. Nein, meine Brüder, wir wollen ruhig bleiben und die Folgen abwarten, weil es Kinder n Gottes nicht geziemt, gleich den Kindern dieser Welt Gewalt gegen Gewalt zu setzen. Auch wollen wir unsere Feinde nicht hassen, denn sie wissen nicht, was sie thun. Vielmehr wollen wir für sie beten, daß der Herr ihnen ihre Augen öffne. Und vielleicht läßt er uns die Freude zu teil werden, daß sich einige derselben der Christengemeinde anschließen." So sprach Feisberger. Eine tiefe Bewegung ging durch die Versammlung. In manchem Auge perlten Thränen. Sogar die Wilden, von denen Feisberger so furchtlos redete und deren tückische Absichten er so rückhaltlos aufdeckte, senkten ihre stolzen Häupter beschämt zu beugen. Ein inniges Gebet folgte, in welchem die Christen dem Schuhe ihres himmlischen Vaters und auch die heidnischen Feinde seinem Segen empfohlen wurden.

Nach beendigtem Gottesdienst fiel ein wilder Haufe über Feisberger und die Missionare, die bei ihm waren, her und führte sie in das Feldlager der Huronen. Da herrschte wildes Getümmel.. Schar auf Schar zog ab unter gellendem Geheul, um die anderen Missionare aus den andern Dörfern und deren Familien als Gefangene herbeizuschleppen, und ihre Wohnungen zu plündern und zu verbrennen. Alles, was seit sieben Jahren mit der größten Anstrengung aufgerichtet worden war, wurde vernichtet. Die Kirchen und Schulen und freundlichen Wohn-

IMAGE EVALUATION
TEST TARGET (MT-3)

Photographic
Sciences
Corporation

23 WEST MAIN STREET
WEBSTER, N.Y. 14580
(716) 872-4503

CIHM/ICMH
Microfiche
Series.

CIHM/ICMH
Collection de
microfiches.

Canadian Institute for Historical Microreproductions / Institut canadien de microreproductions historiques

häuser sanken in Asche. Zeisbergers sämtliche mit großem Fleiß ausgearbeitete Manuskripte und Übersetzungen wurden gleichfalls ein Raub der Flammen. Die Nacht brach an. Ein kalter Regen strömte herab. Die Missionare lagen aller Kleider beraubt und mit einigen alten Lumpen bedeckt in zwei elenden Hütten auf dem Boden. So verbrachten sie die Nacht.

Auch Isaak Glikkikan war unter den Gefangenen. Zwölf Männer waren ausgesandt worden, um ihn lebendig oder tot zu bringen, denn noch jetzt flößte sein Name Furcht ein. Sie zauderten, als sie in seine Wohnung traten. Da empfing er sie mit den Worten: „Freunde, aus euren Bewegungen schließe ich, daß ihr meinetwegen gekommen seid. Ist dem also, warum zaudert ihr euren Befehl auszuführen? Ich bin bereit der Gewalt zu weichen. Ihr habt früher den Glikkikan im Schlachtgetümmel gekannt und darum fürchtet ihr ihn jetzt. Ja es gab eine Zeit in meinem Leben, wo ich Angriffe dieser Art mit stolzem Hohn zurückgewiesen haben würde. Aber ich bin nicht mehr Glikkikan. Ich bin Isaak geworden und glaube jetzt an den wahren und lebendigen Gott, und für ihn bin ich bereit, alles, was ich habe, und selbst mein Leben aufzuopfern." Dann hatte er freiwillig die Hände auf den Rücken gelegt und sich binden lassen.

Drei Tage lang schwebten die Gefangenen zwischen Tod und Leben. Endlich erfuhren sie, daß man sie nicht töten wolle, sondern sich damit begnügte, die Missionsstationen zu zerstören. Dienstag, den 6. September 1781 wurden sie vor die Versammlung der feindlichen Häuptlinge geführt, und befragt, ob sie bereit wären, nach dem

Sandustyflusse zu ziehen, welcher sich in den Eriesee ergießt; in eine entlegene Gegend, ungefähr 20 geographische Meilen in nordwestlicher Richtung. Sie bejahten das jetzt, und man gestattete ihnen, vorläufig in eines der Dörfer zurückzukehren, um die christlichen Indianer zu sammeln. Noch einmal hatte Zeisberger die wehmütige Freude, an der ihm so lieben, nun aber völlig verwüsteten Stätte das Evangelium zu verkündigen, einen Heiden zu taufen und mit den Gläubigen das heilige Abendmahl zu feiern. Dann ging es an den Abschied, ein herzergreifendes Scheiden. Am Montag den 12. September 1781 traten die Vertriebenen ihre Wanderung in die Verbannung an, sämtliche christliche Indianer, die Missionare und deren Familien, streng bewacht von den Huronenkriegern. Einen großen Teil ihrer Habe und die ganze Ernte dieses Jahres mußten sie zurücklassen. Dieser Verlust belief sich auf mehr als 30 000 Mark. Die Reise war insonderheit für die Missionare qualvoll. Die Huronen trennten dieselben von den bekehrten Indianern und behandelten sie barsch und rücksichtslos. Sie ließen den Müttern keine Zeit, ihre Säuglinge zu stillen, und trieben die Pferde, auf denen sie saßen, so heftig an, daß sie scheu wurden. Eine der Frauen wurde zweimal aus dem Sattel geworfen und eine Strecke weit mit dem Fuß im Steigbügel geschleift.

Nach vierwöchentlichem, mühseligem Umherirren kam endlich die vielgeprüfte Gemeinde, aus deren Mitte unterwegs mancher ins Grab gesunken war, an den Sandustyfluß, wo die Engländer einen Platz zur Niederlassung bestimmt hatten. Der König der Huronen mit seiner Schar verließ sie und überließ sie ihrem Schicksal.

n den Griefee ergießt;
) geographische Meilen
lohten das jetzt, und
les der Dörfer zurück-
r zu sammeln. Noch
ilige Freude, an der
rwüsteten Stätte das
Helden zu laufen und
mahl zu feiern. Dann
ergreifendes Scheiden.
1781 traten die Ver-
bannung an, sämtliche
und deren Familien,
legern. Einen großen
: dieses Jahres mußten
lief sich auf mehr als
onderheit für die Mif-
rennten dieselben von
nbelten sie barsch und
ttern keine Zeit, ihre
die Pferde, auf denen
jeu wurden. Eine der
ittel geworfen und eine
igbügel geschleift.
eiligen Umherirren kam
us deren Mitte unter-
oar, an den Sandusky-
) zur Niederlassung be-
ronen mit seiner Schar
Schicksal.

Aber welch ein Abstand zwischen der üppigen blühenden Natur der verlassenen Heimat und der unfruchtbaren Wildnis, wo sie nun sich anbauen sollten. Ganz besonders frühzeitig und streng trat der Winter ein. Kaum konnten sie noch notdürftige Winterhütten aufrichten. An allem litten sie Mangel, und nicht einmal wilde Wurzeln zur Nahrung waren zu finden, denn der Boden war schon hart gefroren. Im Gebet und in Gottesdiensten, die am Abend nach der Tagesarbeit unter freiem Himmel gehalten wurden, fanden die Verzagten Trost und Stärke, und ihr Glaube hielt sie aufrecht in allen Kümmernissen.

Aber die Not wurde immer größer. Kaum konnte man sich des Hungertodes und des Erfrierens noch erwehren. Bisweilen gelang es, von der am Muskingum zurückgelassenen Ernte etwas herbeizuholen, viele Meilen weit her. Doch waren die Reisen dahin durch die Wildnis äußerst beschwerlich und gefährlich. Eine Gesellschaft, die sich aufgemacht hatte, gegen hundert Köpfe stark, traf ein schreckliches Schicksal. Sie waren glücklich auf den Brand-stätten angekommen und hatten bereits eine ansehnliche Menge Korn gesammelt, als ganz unvermutet ein amerikanisches Streifcorps in die veröbte Gegend einrückte. Während die christlichen Indianer als friedliebende Leute nichts befürchten zu müssen glaubten, stellten sich auch die Amerikaner anfangs ganz freundlich, verhießen ihnen Schutz gegen die Engländer und bewogen sie sogar ihre Waffen abzugeben. Kaum aber war das geschehen, als die Indianer plötzlich überfallen und als Gefangene erklärt wurden. Nach kurzer Beratung forderten die wilden Freiheitsmänner die armen Schlachtopfer auf, sich zum

Tode zu bereiten. Die Unglücklichen ergaben sich in Gottes Willen, baten einander um Vergebung und sangen Loblieder dem Herrn, den sie nun bald im Himmel preisen sollten. Nach wenigen Stunden erklärten sie sich zum Tode bereit, und nun trat einer der Unmenschen hervor, und schlug mit einem Hammer 14 der Unglücklichen den Schädel ein. Andre lösten ihn ab, und so fielen an diesem Tage, den 8. März 1782, 90 Indianer, 29 Männer, 27 Weiber und 34 Kinder, darunter 5 der trefflichsten Nationalgehülfen, auch Isaak Glikkikan, unter der Hand der grausamen Feinde. Das Verzeichnis der Namen aller Ermordeten hat man noch heut in der Brüdergemeine. Nur zwei Jünglingen gelang es zu entrinnen und den schauderhaften Vorgang der entsetzlichen Gemeinde am Sanduskyflusse zu berichten. Einer der beiden war bereits skalpiert und litt durch den Verlust seiner Kopfhaut die fürchterlichsten Schmerzen. Er lebte aber doch noch vier Jahre, wiewohl er seit seiner Skalpierung an Krämpfen litt.

Die Ursache zu dieser Greuelthat war der Rassenhaß der amerikanischen Kolonisten gegen alles, was Indianer hieß. Die Mehrzahl der heidnischen Indianer hatte ja während des Befreiungskampfes auf seiten Englands gestanden, und in diesem Falle mußten die Unschuldigen für die Schuldigen büßen. Aber der Kongreß und die Regierung, überhaupt alle besseren Teile der weißen Bevölkerung verurteilten und beklagten die That auf das aufrichtigste.

Die Arbeit der Missionare an den Seelen der Eingeborenen wurde durch dies Vorkommnis sehr erschwert.

Wie konnten weiße Leute noch länger zu den Indianern sagen: „werdet Christen wie wir!" wenn weiße Leute, die sich Christen nannten, an den Indianern so handelten.

Aber geradezu einer Vernichtung des Missionswerkes kam es gleich, als die Missionare schließlich ganz von ihren Gemeinden getrennt wurden. Die englischen Agenten, denen die Missionare ein Dorn im Auge waren, erregten Argwohn gegen sie bei dem englischen Gouverneur zu Detroit, einem Fort und Städtchen an dem Flusse, welcher den Huronsee mit dem Eriesee verbindet, auf der Grenze von Canada und den Vereinigten Staaten. Von seiten des Gouverneurs zu Detroit traf der Befehl ein, die Missionare sollten sich unverzüglich vor ihm stellen, um sich gegen die wider sie vorgebrachten Anklagen zu verteidigen. Der Delawarenhäuptling Pipe sollte ihnen als ihr Hauptankläger gegenübertreten; doch hatte der englische Agent Elliot ihm erst die Klagepunkte angeben müssen.

Die Missionare mußten den Weg nach Detroit ganz allein machen. Wunderliche Zustände! Angeklagte, die als Spione verurteilt werden sollen, werden sich selbst überlassen. Man überläßt es ihnen, den Weg zu ihrem Richterstuhl sich selbst zu suchen. Bald ging es über halbzugefrorene Sümpfe am Eriesee entlang, bald durch undurchdringliches Gestrüpp. Selbst Leute, die so an Strapazen gewöhnt waren, wie sie, gestanden, daß diese Leiden das bisher erlittene überboten. Endlich kamen sie an ein breites Wasser. Da drüben lag Detroit. Sie konnten es deutlich sehen. Aber wie hinüberkommen? Sie verbrachten die Nacht am Ufer bei schneidendem Wind, ohne einen Bissen zu essen, ohne ein Feuer, sich zu wärmen.

Erſt am nächſten Morgen kam ein Canoe mit Indianern in Sicht, welches ſie überſetzte. Zerlumpt und hungrig, müde und verlaſſen kamen ſie an die Zugbrücke und mußten ſtundenlang warten, bis ſie eingelaſſen wurden. Dann führte eine Schildwache ſie zum Kommandanten. „Seid Ihr die Miſſionare der Brüderkirche vom Muskingum?" fragte der Kommandant. — „Ja." — „Seid Ihr alle hier? Ich habe gehört, Ihr ſeid ſechs. Wo ſind die übrigen?" — „Zwei von uns ſind am Sanduſky zurückgeblieben bei unſern Weibern und Kindern, die wir nicht allein laſſen konnten." — „Warum habt Ihr Eure Weiber und Kinder nicht mitgebracht, wie ich Euch ausdrücklich befohlen habe? Ich will Euch alle miteinander nach Philadelphia ſchicken." — „Wir fragten die Häuptlinge, die uns den Befehl brachten, ob unſere Familien mitkommen ſollten, aber ſie ſagten, ſie brauchten es nicht." — „Ich habe gehört, daß Ihr mit den Rebellen in Verbindung ſteht zum Schaden unſerer Regierung. Man hat viele Anklagen gegen Euch vorgebracht. Darum habe ich Euch aus Euren Niederlaſſungen am Muskingum fortbringen laſſen." — „Das glauben wir gern, daß man viele Beſchuldigungen gegen uns vorgebracht hat. Die Behandlung, die uns widerfahren iſt, beweiſt das zur Genüge. Aber wir wiſſen, daß man vieles geſagt hat, was falſch iſt, und was, wenn man es unterſucht, in einem ganz anderen Licht erſcheinen wird, als man es dargeſtellt hat." — „Wo ſind Eure Indianer? Wieviele ſind ſie? Wieviele Männer giebt es unter ihnen?" — „Unſere Indianer ſind am Sanduſky; es ſind ungefähr 400 Perſonen. Die genaue Anzahl der Männer können wir nicht angeben." —

anoe mit Indianern
lumpt und hungrig,
ugbrickt und mußten
ften wurden. Dann
mmandanten. „Seid
vom Muskingum?"
— „Seid Ihr alle
sechs. Wo sind die
im Sandusky zurück-
indern, die wir nicht
abt Ihr Eure Weiber
ich Euch ausdrücklich
teinander nach Phila-
ble Häuptlinge, die
Familien mitkommen
n es nicht." — „Ich
ellen in Verbindung
ag. Man hat viele
Darum habe ich Euch
uskingum fortbringen
, daß man viele Be-
at. Die Behandlung,
zur Genüge. Aber
t, was falsch ist, und
einem ganz anderen
dargestellt hat." —
e sind sie? Wieviele
— „Unsere Indianer
: 400 Personen. Die
vir nicht angeben." —

„Sind Eure Indianer in den Krieg gezogen?" — „Nie-
mals, solange wir bei ihnen waren." — „Ist es Eure
Absicht, zu ihnen zurückzukehren?" — „Das ist unser
heißester Wunsch. Wir würden es tief beklagen und es
würde in keiner Weise zu rechtfertigen sein, wenn man
uns hinderte, zu ihnen zurückzukehren. In dem Falle
würde die Mission zerstört sein, und das Werk der Brüdergemeine unter den Indianern, welches jetzt seit 40 Jahren
besteht, würde ein Ende nehmen." — „Meint ihr? Doch
wie? wenn Eure Indianer der britischen Regierung Schaden
zugefügt haben?" — „Sie fügen weder der britischen noch
irgend einer Regierung Schaden zu, wie man einsehen
wird, wenn man sie und uns näher kennen lernt. Sie
sind civilisiert und haben von uns gelernt fleißig zu sein
und zu arbeiten."

Nach diesem vorläufigen Verhör, bei welchem der
Kommandant sich Aufzeichnungen machte, wurden die Missionare entlassen. Er überließ sie wieder sich selbst. Waren
sie freiwillig so weit hergekommen, so war nicht zu befürchten, daß sie fliehen würden.

Endlich fand das Verhör statt, aber als Pipe vom
Kommandanten aufgefordert wurde, seine Anklage vorzubringen, geriet er in große Verlegenheit und sagte zum
Kommandanten: „Vater, du kannst ja jetzt selbst mit
ihnen sprechen. Du wirst aber hoffentlich gutes mit ihnen
reden. Und ich sage dir: rede gute Worte mit ihnen,
denn sie sind meine Freunde, und ich sehe nicht gern, daß
hart mit ihnen verfahren wird." Noch einmal aufgefordert,
seine Anklage vorzubringen, erklärte er endlich offen die
völlige Unschuld der Lehrer. Dieselben wurden nun frei-

gesprochen, mit warmen Kleidern und Decken reichlich versehen und zu ihrer Gemeinde zurückgesandt. Sie trafen daselbst zur großen Freude der Ihrigen wohlbehalten wieder ein, und wenige Tage darauf versammelten sie die christlichen Indianer um ein großes Feuer am Ufer des Flusses unter freiem Himmel. Die Nacht war klar, die Sterne blickten herab in feierlichem Glanz, die knisternden Holzscheite warfen einen röthlichen Schein auf die Hütten und den finsteren Wald im Hintergrund. Da stand Zeisberger mitten im Kreis und erzählte von der Reise und vom Verhör, und ermahnte die Versammelten, Gott die Ehre zu geben. Einstimmig wurde der Entschluß gefaßt, als Dankopfer eine Kirche zu bauen, und in weniger als 14 Tagen war sie vollendet. Pfähle waren aufrecht im Erdboden befestigt und Baumstämme waren wagerecht dazwischen gelegt. Die Lücken waren mit Moos ausgestopft.

Leider aber sollte die Freude nicht lange dauern, denn die Feinde der Missionare gaben sich mit ihrem ersten Mißerfolg nicht zufrieden. Auf neue gehässige Anklagen hin erhielt derselbe König der Huronen, welcher die Dörfer am Muskingum zerstört hatte, vom englischen Gouverneur den Befehl, die Missionare samt ihren Familien nach Detroit zu führen, um sie gänzlich von ihrer Indianergemeinde zu trennen. Bitterlich, aber vergebens klagten die christlichen Indianer um den Verlust ihrer Lehrer. Einer derselben sagte: „Ich sehe allen Verlust von außen nicht an: daß ich arm geworden bin, daß ich Hunger leiden muß, und daß mein Vieh daraufgegangen ist. Alles das will ich gern tragen und mich nicht darüber grämen.

Decken reichlich ver-
gesandt. Sie trafen
wohlbehalten wieder
:melten sie die christ-
am Ufer des Flusses
ar klar, die Sterne
die knisternden Holz-
auf die Hütten und
Da stand Zeisberger
der Reise und vom
-ten, Gott die Ehre
nischluß gefaßt, als
ind in weniger als
-ähle waren aufrecht
ämme waren wage-
: waren mit Moos

t lange dauern, denn
ch mit ihrem ersten
e gehäſſige Anklagen
n, welcher die Dörfer
:nglischen Gouverneur
ihren Familien nach
von ihrer Indianer-
er vergebens klagten
Berluſt ihrer Lehrer.
n Berluſt von außen
:in, daß ich Hunger
uſgegangen iſt. Alles
:icht darüber grämen.

Aber daß sie uns noch am Ende unserer Lehrer berauben und uns um unsere Seelennahrung und um unser ewiges Heil bringen wollen, das geht mir über alles und thut mir im Herzen weh. Die Heiden sollen aber nicht sehen, daß ich Gemeinschaft mit ihnen mache und ihr heidnisches Wesen wieder annehme. Sie sollen mich nicht in ihre Gewalt bekomm..n, noch mich zu etwas zwingen, womit ich den Heiland be'.übe. Lieber will ich in den Wald gehen, mich von all'r menschlichen Gesellschaft trennen und meine übrige Lebenszeit kümmerlich zubringen."

Am 15. März 1782 nahmen die Missionare, der Gewalt weichend, von der Gemeinde einen beweglichen Abschied. Am 20. April trafen sie in Detroit ein und mußten vorläufig dort bleiben. Bald aber wurde auch die Gemeinde der Eingeborenen genötigt, ihr Dorf am Sandusky zu verlassen und sich zu zerstreuen. Als Zeisberger dies hörte, war der Becher seines Leidens voll. Er schrieb in sein Tagebuch: „Wo sollen wir Zuflucht finden? Ach nur ein kleines Fleckchen Erde, wohin wir mit unsern Indianern fliehen können. Die Welt ist nicht weit genug. Von den Weißen, die sich Christen nennen, können wir keinen Schutz hoffen. Unter den Heiden haben wir keine Freunde mehr. Wir sind geächtet. Aber der Herr sitzt im Regiment. Er wird uns nicht verlassen. Ich glaube, daß er uns straft um unserer Sünden willen, aber daß er uns hernachmals mit um so größerer Gnade sammeln wird. Ich glaube, er wird, wenn seine Stunde gekommen ist, den Mund unserer Feinde stopfen, die unser spotten und sagen: Wo ist nun ihr Gott?"

So schrieb Zeisberger in sein Tagebuch. Aber ihre

zerstreute Herde ließ den Missionaren keine Ruhe, und sie erlangten endlich durch viele Vorstellungen und Bitten vom Gouverneur, daß ihnen ein neuer Landstrich zwischen dem Huron- und Eriesee im Lande des Indianerstammes der Tschippewas, zwölf Wegstunden oberhalb Detroit überlassen wurde. Dort entstand wieder eine Ansiedelung aus Blockhäusern mit einem Kirchlein, welches am 5. November 1782 eingeweiht wurde. Allmählich sammelten sich hier die zerstreuten Indianerchristen, darunter auch der Enkel des Netawatwes, jenes Häuptlings der Delawaren, der ein großer Gönner der Mission gewesen war. Wenn auch in sehr bescheidenen Verhältnissen, konnte doch vorläufig das Werk hier fortgesetzt werden.

Im nächsten Jahre 1783 wurde der Friede zwischen England und den nunmehr anerkannten Vereinigten Staaten geschlossen. Auch mit den Indianern, die auf Englands Seite gestanden hatten, schloß der amerikanische Kongreß Friede, und in wohlwollender Gesinnung gegen die Mission der Brüdergemeine machte er die Wiederherstellung der früheren Mission am Muskingum im Staate Ohio zu einer ausdrücklichen Friedensbedingung. 12 000 Acker Landes oder 48 Quadratkilometer wurden dort im Auftrag des Kongresses der Mission der Brüdergemeine zugemessen. Sofort schickten die christlichen Indianer mit ihren Lehrern sich an, ihre ehemaligen Wohnsitze wieder einzunehmen, aber noch volle zwölf Jahre sollten vergehen, ehe der greise Zeisberger mit seiner Gemeinde zur Ruhe kam. Die Nachwehen des großen Krieges wollten kein Ende nehmen, und wieder und wieder gab es blutige Fehden mit einzelnen Indianerstämmen, welche das Land weit und breit unsicher machten und der Wiederaufrichtung der ehemaligen Wohnsitze Hindernisse in den Weg legten. Die Christengemeinde führte ein unstätes Nomadenleben und wurde genötigt, bald hier bald da Zuflucht zu suchen. Darüber büßte sie viele ihrer Mitglieder ein. Sogar bis nach Canada wurde sie verschlagen. Dort wurde im Jahre 1792 eine Missionsstation Fairfield gegründet, welche bald zu verhältnismäßiger Blüte gelangte und als New-Fairfield noch heute besteht.

Erst im Jahre 1798, als Zeisberger bereits 77 Jahre alt war, kam es zum Wiederaufbau der Trümmerstätten am Muskingum. Ein Teil der christlichen Indianer blieb unter Leitung anderer Missionare in Fairfield in Canada. Zeisberger aber mit einem anderen Teil zog nach der Gegend am Muskingum, wo er ehemals so schöne Zeiten erlebt hatte, und an der das Herz des Greises hing. Vor der Trennung machten die Abziehenden mit den Zurückbleibenden einen Bund, daß sie bis zum Tode dem Heilande treu bleiben und vor dem Throne Gottes und des Lammes einander wiedersehen wollten. Darauf feierten sie das heilige Abendmahl. Am 15. August 1798 sammelte sich die ganze Gemeinde von Fairfield am Ufer des Flusses, um ihrem ehrwürdigen Hirten Lebewohl zu sagen. Er trat unter sie und drückte einem jeden die Hand, ohne vor innerer Bewegung sprechen zu können. Zu Mittag bestieg er sein Canoe, und er und derjenige Teil der Gemeinde, der ihm folgte, traten ihre Reise nach dem Muskingum an. Am 4. Oktober erreichten sie die Stätten, wo einst ihre blühenden Ortschaften gestanden hatten. Jetzt hatten sie eine Wüstenei vor sich, und als sie das

Gestrüpp niederbrannten, welches die Gegend überwuchert hatte, fanden sie die Gebeine ihrer ermordeten Brüder haufenweise liegen. Denselben wurde erst jetzt eine würdige Ruhestätte in Gräbern zu teil.

So war der erste Eindruck, welchen die Ankömmlinge in ihrer alten Heimat empfingen, ein trauriger, und wenn auch bald neues Leben aufblühte, wenn auch bald wieder ein Kirchlein dastand, und rings um dasselbe die Hütten der getauften Eingeborenen, so blieb doch das Herz Zeisbergers immer wehmütig gestimmt, so oft er die Gegenwart mit der Vergangenheit verglich. Einst waren die Dörfer am Muskingum der Gegenstand der Bewunderung und Achtung aller Indianer, auch der heidnischen Stämme im fernen Westen gewesen. Jetzt nach den vielen Unglücksschlägen, welche die Mission getroffen hatten, war ihr in den Augen der Eingeborenen der Glanz abgestreift. Die Erwartung, daß das Christentum ihnen glückliche Zustände bringen würde, war geschwunden. Und wenn, wie es noch oft vorkam, Heiden hinkamen, zeigten sie keine Ehrfurcht mehr vor dem Gotteshause und vor den Gottesdiensten, sondern benahmen sich so anstößig, daß sie weggewiesen werden mußten. Einst waren die Indianergemeinden am Muskingum noch weit genug von den europäischen Ansiedelungen entfernt gewesen, um sich ungestört durch den schädlichen Einfluß der Weißen entwickeln zu können. Jetzt aber, nach einer so langen Zwischenzeit war der unersättliche weiße Mann bereits so weit in den Westen vorgedrungen, daß es nicht mehr möglich war, die Indianergemeinde gegen die Ansteckung mit den Lastern der Europäer zu sichern. Zeisberger hatte viele betrübende und entmutigende Erfahrungen in seiner Gemeinde zu machen. Wir sehen hier, wie die Mißion unter den Indianern und die Missionare, die in derselben arbeiteten, es sich gefallen lassen mußten, demselben traurigen Verhängnis anheimzufallen, welchem die ganze indianische Rasse überhaupt anheimgefallen ist: dem Verhängnis, durch eine überlegene Rasse verdrängt und vernichtet zu werden. Aber ein Verdienst bleibt der Mission. Den Lebensabend einer absterbenden Rasse hat sie verklärt mit dem Himmelslichte, das von dem Namen Jesu Christi ausstrahlt.

Zeisberger hat sich demütig und gehorsam in sein Schicksal gefunden und sich dadurch als einen treuen Knecht des Herrn bewährt. Er hat nicht mißmutig die Hände in den Schoß gelegt, sondern ist, so lange ihm noch Kraft gelassen wurde, unermüdlich thätig gewesen im Weinberge des Herrn. Er predigte regelmäßig in der Kirche und wanderte mahnend, stärkend und tröstend von Haus zu Haus; von den treuen Gliedern der Gemeinde, die sich oft bei ihm Rats erholten, ward er wie ein Vater von Kindern verehrt; von seinen Mitarbeitern, denen er mit dem reichen Schatz seiner Erfahrung hülfreich zur Seite stand, war er geliebt und geachtet; auch bei abnehmender Kraft war er noch die Seele der Indianermission. Es wurde ihm auch noch öfters vergönnt, Helden taufen zu dürfen, darunter die Witwe und einen Sohn seines alten Freundes, des Häuptlings Weißauge.

Als es so weit mit ihm gekommen war, daß er nicht mehr imstande war, umherzuwandern, schrieb er noch an seine Freunde nah und fern erweckliche Briefe und beschäftigte sich mit der Verbesserung seiner schriftlichen

Arbeiten, mit Sprachlehren und Wörterbüchern. Unter andern vollendete er das Manuskript eines Delawarengesangbuches, welches in Philadelphia gedruckt und unter die Indianer verteilt wurde; ferner die Übersetzung einer Harmonie der vier Evangelisten in die Delawarensprache, eine Grammatik dieser Sprache und Lesebücher für die Schule.

Endlich kam die letzte Prüfung: auch das Licht seiner Augen erlosch. Nur noch beten konnte er für das Reich Gottes. Im Oktober 1808, als er 87 Jahre alt war, fühlte er, daß sein Ende herannahe. Mit einer Gemütsruhe und Ergebung, die ihm eigen war, sah er dem Tode ins Auge. Er sagte: „Ich bin bereit zu sterben. Das einzige, was mich noch beunruhigt, ist der gegenwärtige geistliche Zustand des Indianervolkes." Dies Wort lief bald von Mund zu Mund durch die Hütten der gläubigen Indianer; sie sammelten sich vor seiner Wohnung und traten in kleinen Abteilungen an das Sterbelager ihres Vaters. „Vater," riefen sie, „vergieb uns alles, womit wir dir Schmerzen gemacht haben. Wir wollen unsere Herzen dem Heiland hingeben, und für ihn allein leben in dieser Welt." Da richtete der ehrwürdige Greis sich auf, wendete sein erblindetes Angesicht nach seinen reumütigen Kindern hin, segnete sie inbrünstig und warnte sie ernst und freundlich vor den Gefahren, denen sie ausgesetzt waren, und vor den Abwegen der Sünde, zu denen sie sich so leicht verführen ließen.

Zu einem seiner Mitarbeiter sprach er: „Da meine Schwäche beständig zunimmt, glaube ich, daß der Heiland mich zu sich nehmen will. Wenn ich hier oft schlaflos auf

rterbüchern. Unter
t eines Delawaren-
i gedruckt und unter
die Übersetzung einer
die Delawarensprache,
i Lesebücher für die

auch das Licht seiner
ite er für das Reich
87 Jahre alt war.
Mit einer Gemüts-
ir, sah er dem Tode
·it zu sterben. Das
ist der gegenwärtige
." Dies Wort lief
Hütten der gläubigen
einer Wohnung und
is Sterbelager ihres
eb uns alles, womit
Wir wollen unsere
für ihn allein leben
hrwürdige Greis sich
ich nach seinen reu-
brünstig und warnte
ihren, denen sie aus
der Sünde, zu denen

rach er: „Da meine
ich, daß der Heiland
hier oft schlaflos auf

meinem Bette lag, habe ich die Zeit angewandt, um mein ganzes vergangenes Leben durchzugehen, und ich finde so viele Fehler und so viele Ursache um Vergebung zu bitten, daß mir nichts bleibt als seine Gnade. Aber ich weiß doch, daß ich sein bin. Ich glaube an die Kraft seines Versöhnungsblutes, welches uns rein macht von aller Sünde. Der Heiland ist mein. Des Heilands Verdienst ist mein. Manche Christen sterben mit Freuden, mit unaussprechlicher und herrlicher Freude. So ist es nicht bei mir. Ich gehe aus der Zeit als ein armer Sünder. Meinen Geist wird Gott aufnehmen; dessen bin ich g'wiß. Dies sterbliche Teil mit aller seiner Sünde lasse ich dahinten."

In den letzten Tagen seines Lebens hatte er große Schmerzen zu leiden. Man hörte ihn mit kaum vernehmbarer Stimme rufen: „Herr Jesu, ich bitte dich, komm und nimm meinen Geist zu dir." Ein andermal rief er in großer Angst: „Du hast mich nie verlassen, in keiner der schweren Prüfungen meines Lebens. Du wirst mich auch jetzt nicht verlassen."

Als die Stunde seines Endes kam, wurde die Kirchenglocke geläutet. Auf dies Zeichen hin traten alle erwachsenen Mitglieder der Indianergemeinde schweigend ein und stellten sich um sein Bett, welches in die Mitte des Zimmers gerückt war. Zeisberger lag ruhig da, ohne Schmerzen und bei vollem Bewußtsein. Die Indianer sangen ihm von Zeit zu Zeit ein paar Liederverse zu seiner seligen Heimfahrt. Gelegentlich antwortete er durch Zeichen, welche die Freude und den Frieden seines Herzens ausdrückten. Mitten unter solchem Gesang verschied er um 3½ Uhr nachmittags am 17. November 1808. Sobald sein Odem stille stand, fielen alle unter lautem Schluchzen auf die Knie nieder, und dankten Gott für den Segen, den er den Indianern durch Zeisberger hatte zu teil werden lassen.

In der That, unter allen Indianermissionaren nimmt Zeisberger den ersten Rang ein; er verdient den Namen eines Apostels der Indianer. Fließend sprach er die Dialekte der Delawaren und zweier unter den sechs Nationen der Irokesen, nämlich der Mohawks und Onondagas. Im Dialekt der Cayugas und anderen Mundarten konnte er sich gebrochen verständlich machen. Er war vollständig vertraut mit den Gebräuchen und der Denkungsweise der Eingeborenen, und sowohl von den Irokesen als von den Delawaren als ihr Landsmann und Bruder adoptiert. Wenige Weiße haben einen größeren Einfluß unter den Indianern ausgeübt und wurden aufrichtiger von denselben geachtet. Die häufigen Wanderungen, zu denen er sich genötigt sah, waren zwar einerseits ein Hindernis seiner Arbeit, aber sie dienten doch zugleich zur Ausbreitung des Evangeliums über weite Strecken und unter vielen Stämmen der Eingeborenen. Die Stationen, die er anlegte, waren ein Wunder für alle, die sie sahen, Weiße sowohl als Eingeborene. Der Indianer, ursprünglich ein Jäger und Krieger, legte seine Wildheit und Grausamkeit ab und lernte Häuslichkeit und Ordnung, Ackerbau und Viehzucht. Ja trotz der ihm angeborenen Ungebundenheit unterwarf er sich bürgerlichen Gesetzen.

Zeisberger war ein Mann von kleiner Statur aber wohl proportioniert. Seine Gesichtszüge trugen die Spuren der beständigen Entbehrunge und Strapazen. Sein Antlitz war tief gefurcht, aber doch immer freundlich. Sein Anzug war sehr einfach, aber von peinlicher Sorgfalt und Reinlichkeit. Er sprach wenig, hatte vielmehr die Schweigsamkeit der Rasse angenommen, unter der er sein Leben verbrachte. Gehalt hat er nie genommen, sondern für seinen Unterhalt selbst gesorgt. Einmal ist er nur deßhalb ernstlich krank geworden, weil er sich nicht hinreichende Nahrung gegönnt hatte. Genüsse waren ihm fremd; oder vielmehr: er kannte nur einen Genuß, das war die Bekehrung der Indianer. Von seinen schriftlichen Arbeiten sind mehrere im Druck erschienen. Die Mehrzahl aber ist Manuskript geblieben und wird in Amerika aufbewahrt. Darunter befindet sich ein deutsch-onondagaisches Wörterbuch in sieben Bänden und Grammatiken der Onondaga- und Delawarensprache.

Sonntag den 20. November 1808 war sein Begräbnis. Sein Grab ist noch heute zu sehen. Im Staate Ohio, in Tuscarawas County, in Goshen Township liegt der Kirchhof an dem Wege von Goshen Hill nach New-Philadelphia zur linken Hand etwa 50 Schritte von der Wegscheide. Wenn der Wanderer von Goshen Hill herabkommt und auf den Gottesacker am Wege einlenkt, um die Inschriften der Grabsteine zu lesen, da findet er eine einfache anspruchslose Steinplatte mit der Inschrift: „David Zeisberger, geboren den 11. April 1721 in Mähren, heimgegangen den 17. November 1808 in einem Alter von 87 Jahren 7 Monaten und 6 Tagen. Dieser treue Diener des Herrn arbeitete als Missionar unter den Indianern während der letzten 60 Jahre seines Lebens."
So die Inschrift. Ein kleiner Baum beschattet das Grab

und gelegentlich blüht auf dem niedrigen Hügel eine Moosrose, welche die pietätvolle Hand eines Bewohners der Nachbarschaft da gepflanzt hat.

Haben wir Interesse gewonnen für Zeisberger und sein Werk, so werden wir auch zu erfahren wünschen, wie es mit der Fortsetzung desselben bis auf den heutigen Tag beschaffen ist. Darum seien noch folgende kurze Mitteilungen hinzugefügt.

Die Mission am Muskingum in Ohio hat noch bis 1824 bestanden. Dann mußte sie wegen des Vordringens der Weißen aufgegeben werden. Etwa zwei Drittel der christlichen Indianer wanderten nach dem fernen Westen; ein kleiner Teil nach Fairfield in Canada. Dieser letztere Ort hatte in dem Kriege zwischen den Vereinigten Staaten und England, welcher 1812 begann, empfindlichen Schaden gelitten. Am 5. Oktober 1813 hatte eine entscheidende Schlacht in der Nähe des Ortes stattgefunden; die Amerikaner unter General Harrison hatten gesiegt und nach dem Kampfe das ganze Dorf samt Kirche und Missionshaus geplündert und gänzlich in Asche gelegt. Sie thaten das, weil es hieß, daß einige der christlichen Indianer an der Ermordung von Bürgern der Vereinigten Staaten schuldig seien, wiewohl dafür auch nicht ein Schatten von Beweis beizubringen war. Die christlichen Indianer waren in die Wälder geflohen, jedoch hatte nach Beendigung des Krieges 1815 die Station wieder aufgerichtet werden können und hieß von jetzt ab New-Fairfield. Diese Mission besteht noch heutigestags.

Die übrigen christlichen Indianer, welche von dem Muskingum nach dem Westen auswanderten, haben wiederholt ihre Wohnsitze wechseln müssen, bis sie jetzt im Staate Kansas jenseits des Mississippi angelangt sind. Hier besteht noch heut die Missionsstation New-Westfield.

Auch im Süden der Vereinigten Staaten, in Georgien, war 1819 unter dem Indianerstamme der Cherokees eine Mission entstanden. Aber aus der dortigen Gegend wurden alle Indianer in den Jahren 1837 und 1838 vertrieben. Die Gemeinde der Getauften wanderte in das Indianergebiet jenseits des Mississippi zwischen den Staaten Kansas und Texas, und dort besteht noch heute die Station New-Springplace. Diese Mission unter den Cherokees erfuhr eine jähe Unterbrechung im amerikanischen Bürgerkrieg, welcher von 1861 bis 1865 dauerte. Von Anhängern der Partei des Südens ward im Jahre 1862 ein Nationalgehülfe ermordet, und die Missionare mußten fliehen, um ihr Leben zu retten. Doch konnte das Werk in New-Springplace im Jahre 1866 von neuem aufgenommen werden.

Es bestehen also jetzt noch drei Missionsstationen der Brüdergemeine unter den Indianern Nordamerikas: erstens New-Fairfield in Canada unter den Resten des Stammes der Delawaren; zweitens New-Westfield in Kansas, ebenfalls Delawaren, und zwar vorwiegend vom Zweige der Monseys; drittens endlich New-Springplace im Indianergebiet unter den Cherokees.

Der Herr aber wecke in der Christenheit Mitgefühl für das beklagenswerte dahinsterbende Volk und sein Seelenheil, damit wir die Friedensboten, welche den Indianern Jesum predigen, auf betendem Herzen tragen und ihrer Arbeit Segen und Erfolg erflehen.

Verlag von C. Bertelsmann in Gütersloh.

Lebensbilder aus der Heidenmission.

Herausgegeben von D. G. Warneck.

Erster Band:

Jane Edkins.

Ein Missionsleben. In einer Reihe von Briefen herausgegeben von ihrem Vater. Nebst Joseph Edkins Bericht über einen Besuch in Nanking. Aus dem Englischen. 3 M., geb. 3,75 M.

Zweiter Band:

Johann Friedrich Riedel.

Ein Lebensbild aus der Minahassa auf Celebes, gezeichnet von P. D. R. Graudemann. Mit einer Karten-Skizze der Minahassa und Vorwort: Komm und sieh! 3 M., geb. 3,75 M.

Dritter Band:

Thränensaat u. Freudenernte auf Madagaskar,

oder eine Märtyrerkirche des 19. Jahrhunderts.
Dargestellt von Pfr. Chr. Fr. Eppler. 4 M., geb. 4,75 M.

Vierter Band:

Frauen-Mission in Indien.

Von Frau Weitbrecht. Nach dem englischen Manuskript bearb. von einer deutschen Missionsfreundin. 1,20 M., geb. 1,60 M.

Fünfter Band:

John Coleridge Patteson,

der Missionsbischof von Melanesien. Ein Lebens- und Märtyrerbild aus der Mission der Gegenwart. Von W. Baur, Gen.-Sup. Mit dem Bildnis Pattesons u. 1 Karte. 2,80 M., geb. 3,50 M.

Die 5 Bände zusammen: 9 M. geh., 12,20 M. geb.

Verlag von C. Bertelsmann in Gütersloh.

Warneck, D. G., Die Mission in der Schule. Ein Handbuch für den Lehrer. 5. Aufl. 2 M., geb. 2,50 M.
— — **Die Stellung der evangelischen Mission zur Sklavenfrage.** Geschichtlich und theoretisch erörtert. 1,60 M.
— — **Missionsstunden.** 1. Bd.: Die Mission im Lichte der Bibel. 3. verm. Aufl. 4,20 M., geb. 5,20 M. — 2. Bd.: Die Mission in Bildern aus ihrer Geschichte. 1. Abtl.: Afrika und die Südsee. 3. Aufl. 5 M., geb. 6 M. — 2. Bd. 2. Abtl.: Asien und Amerika. Von D. R. Grundemann. 4,20 M., geb. 5,20 M.
Missionsharfe, kleine, im Kirchen- u. Volkston für festliche und außerfestliche Kreise. 4H. Aufl. 30 Pf., geb. 45 Pf.
— —, große. Geistliches Liederbuch für gemischten Chor, sowie für Klavier- oder Harmonium-Begleitung. 8. verb. Auflage. 2 M., geb. 2,50 M.
Zahn, F. M., Der Acker ist die Welt. Blicke in das Arbeitsfeld der evangelischen Mission. 1,20 M.
Grundemann, D. R., Zur Statistik der evangelischen Mission. 1,60 M.
— — **Die deutschen Schutzgebiete in Afrika und in der Südsee.** Vier Skizzenkarten mit einem Erläuterungsheft für den Schulgebrauch. In Futteral 1,20 M.
Fritschel, Gottfried, Geschichte der christlichen Missionen unter den Indianern Nordamerikas im 17. und 18. Jahrhundert. Nebst einer Beschreibung der Religion der Indianer. Für Freunde der Mission aus den Quellen erzählt. 2,50 M.
Leslie, Mary E., Die Dämmerung des Lichts. Eine Erzählung aus der Zenana-Mission. Autorisierte Übersetzung von Eugenie v. Mühlaff. 1,20 M.

www.ingramcontent.com/pod-product-compliance
Lightning Source LLC
Chambersburg PA
CBHW022140160426
43197CB00009B/1365